Knaur

Über den Autor:

Gérald Métroz, geboren 1962, Radiomoderator, Buchautor, international erfolgreicher Spieler im Rollstuhl-Basketball und Rollstuhl-Tennis, bekannter Spielervermittler, Musiker, lebt in Martigny, Schweiz.

Jacques Briod, geboren 1957, ist Journalist und Produzent für Rundfunk und Fernsehen, Preisträger der Fernsehsendung «La Course autour du monde». Er lebt mit seiner Frau und zwei Kindern in Vollèges, Schweiz.

Gérald Métroz
aufgezeichnet von Jacques Briod

Ich lass mich nicht behindern

Übersetzt aus dem Französischen
von Ulrike Kolb

Knaur

Bildnachweis
Bildteil Seite 1 unten: © Turpress, Sion
Seite 10: © Team Reporters
Seite 11 oben: © Armand Bussien
Seite 12: © Blaise Kormann/L'illustré
Seite 13 und 14: © Christian Rochat/L'illustré
Seite 15: © Georg Anderhub. In Zusammenarbeit mit
Pro Infirmis Schweiz www.proinfirmis.ch
Alle anderen Fotos: Privatbesitz Gérald Métroz

Besuchen Sie uns im Internet:
www.knaur-taschenbuch.de

Die Originalausgabe erschien unter dem Titel »Soudain un train«
bei Editions Autrement, Paris.

Vollständige Taschenbuchausgabe 2003

Umschlaggestaltung: ZERO Werbeagentur, München
Umschlagabbildung: Hannes Schmidt/Gérald Métroz
Druck und Bindung: Clausen & Bosse, Leck
Printed in Germany
ISBN 3-426-77675-8

2 4 5 3 1

Für Bernadette Métroz, Géralds Mutter

Inhalt

Neben mir stand jemand, der Gérald in seinem Rollstuhl beobachtete. In seinem Blick lag ein Anflug von Entsetzen, als er mir zuflüsterte: «Was bei ihm so schrecklich ist, ist die Tatsache, dass man es sieht …» Ich musste zugeben, dass einem Géralds Beine, obwohl sie unsichtbar waren, förmlich ins Auge sprangen. Aber diese unwirkliche Abwesenheit wurde durch Géralds starke Präsenz überdeckt. Und so bin ich auf ihn zugegangen.

Jacques Briod

Am Tag des Unfalls: Berichte

Camille Michaud, Lehrer

Nach Schulschluss wollte ich, wie jeden Abend, mit meinen Schülern im Zug nach Hause fahren. Der Bahnhof von Sembrancher ist klein und der Zug, in den wir einstiegen, nicht sehr imposant. Er bestand nur aus der Lokomotive und einem einzigen Waggon. Im Wageninneren befanden sich noch andere Personen, die ich nicht kannte.

Die Lokomotive setzte sich in Bewegung, sie fuhr nicht schnell, zehn Stundenkilometer vielleicht. Wir waren kaum hundert Meter gefahren, gerade mal so weit, dass wir Zeit hatten, uns hinzusetzen, als der Zug plötzlich anhielt. Der Lokführer kam in unseren Wagen, er sah völlig verstört aus und sagte:

«Ich hab gerade ein Kind überfahren... Traut sich jemand nachschauen zu gehen? Ich kann es nicht.»

Im Wagen saßen, wie ich schon sagte, meine Schüler und ein paar ältere Leute. Ich habe nicht eine Sekunde gezögert und bin nach draußen gegangen.

Beim Aussteigen hielt ich Ausschau, konnte das Kind jedoch nicht sofort sehen, weil es durch den Wagen, der über die Gleise hinausragte, verdeckt war.

Und plötzlich entdeckte ich es, mit weit geöffneten Augen lag es auf den Schienen zwischen den Achsen des Zuges, den Kopf zum Bahnsteig hin. Es weinte nicht. Man sagt, dass man einen Verletzten nicht berühren soll, aber ich habe mir in dem Moment keine Frage gestellt. Es trug lange Hosen und ich sah keinerlei Blutspuren auf dem Stoff. Ich nahm es in meine Arme. Ich kannte das Kind, ich wusste, dass es der Sohn des Stationsvorstehers war und dass er in dem kleinen Haus, gerade gegenüber den Gleisen, im ersten Stock wohnte.

Ich stieg die Treppe hoch und ging in die Stube. Dort stand ein Sofa, zu dem ich ihn brachte. Ich weiß nicht, warum, aber ich habe ihn hingesetzt und nicht gelegt. Als ich ihn in dieser Stellung absetzte, fielen seine beiden Beine auf den Boden. Eigentlich sind sie nicht mit einem lauten Krach hingefallen, sondern ich spürte nur, wie sie sich ablösten und aus der Hose rutschten. In dem Moment drehte ich mich um und sah seine Mutter im Türrahmen stehen. Wir haben uns angeschaut, ich habe kein Wort hervorgebracht, sie auch nicht. Wir waren unfähig zu sprechen, aber wir haben beide, im selben Moment, dasselbe verstanden. Ich dachte an meinen Zug, der nicht auf mich warten würde, und ging hinaus. Ich ließ sie dort stehen, wie die Jungfrau Maria am Fuße des Kreuzes.

Im Waggon hab ich mich selber beschimpft: «Du hast ihm die Arterie nicht abgebunden, der Kleine wird wegen dir verbluten, du hättest die Mutter niemals alleine lassen dürfen.» Als ich zu Hause ankam, fing ich wie ein Idiot an zu heulen. Meine Frau zwang mich, ihr zu erzählen, was passiert war.

Zwei Tage lang habe ich nichts gegessen.

Heute sage ich mir, dass der Kleine mit seinen zweieinhalb Jahren Glück gehabt hat; dass ich einen Toten aufgehoben hätte, wenn der Zug ihn nur zehn Zentimeter höher überrollt hätte. Ich denke auch, ganz ernsthaft, dass er ohne diesen Unfall nicht der geworden wäre, der er heute ist.

Bernadette Métroz, Géralds Mutter

Meine Schwester hatte gerade ein Baby bekommen und ich war nach Martigny gefahren, um sie zu besuchen. Als ich nach Hause kam, begann es dunkel zu werden und Gérald wollte noch hinausgehen. Ich sagte ihm, er solle warten, bis seine ältere Schwester Christiane mit den Hausaufgaben fertig sei und sich um ihn kümmern könne. Aber bis Christiane kam, war er schon hinausgelaufen und mit seinem Dreirädchen auf einen Schneehaufen direkt neben den Gleisen geklettert, war ins Rutschen geraten und unter den Zug gerollt.

Als Camille Michaud ihn aufs Sofa legte, sah ich, wie eins seiner Beine herunterfiel. Das andere wurde noch von seiner langen Unterhose festgehalten. Gérald sprach, er war bei Bewusstsein, als der Arzt kam. Ich war so ruhig, dass der Arzt im ersten Moment glaubte, es handle sich nicht um mein Kind. Aber als er merkte, dass ich die Mutter war, nahm er mich in seine Arme; diese tröstende Geste werde ich nie vergessen.

Der Krankenwagen kam. Im Krankenhaus hatten alle einen anstrengenden Tag hinter sich, eine Operation war auf die andere gefolgt. Trotzdem haben sie sich bei unserer Ankunft sofort um Gérald gekümmert. Mein Mann und ich begannen zu warten.

Dann kam ein Priester und ich dachte sofort, er würde uns sagen, dass unser Kind gestorben sei. Aber er verkündete uns, dass er ihm das Sakrament der Erstkommunion erteilt habe und dass José, einer der Krankenpfleger im Operationssaal, bereit gewesen sei, sein Pate zu sein. Normalerweise erhalten Kinder mit sieben Jahren die Erstkommunion. Unseres war zweieinhalb.

Wir haben weiter gewartet. Schließlich kamen die Ärzte, um uns zu sagen, dass sie für Géralds Beine nichts mehr tun könnten, dass sie definitiv verloren seien. Sie hätten ihm die Schädeldecke öffnen müssen, um ein Blutgerinnsel zu entfernen, das sich durch den Aufprall im Kopf gebildet hatte. Dann sagten sie uns, wir sollten nach Hause gehen und zehn Tage nicht mehr zu Besuch kommen, da man zu starke Gefühlsausbrüche von Gérald fernhalten müsse. Trotzdem kamen wir wieder, aber mit einer Zeitung, in die wir Löcher geschnitten hatten; so konnten wir ihn jenseits der Scheibe, versteckt hinter den Seiten, beobachten. So wussten wir auch, dass es ihm besser ging, dass seine Genesung Fortschritte machte, dass er die anderen Kinder in seinem Zimmer anschaute. Auch andere Personen kamen, um ihn zu sehen. Sie machten es genauso wie wir mit der Zeitung, aber mit einer mehr oder weniger edlen Absicht. Das Krankenhauspersonal musste oft Fotografen hinausbefördern, die die Ereignisse für ihre Zwecke ausbeuten wollten.

Am Weihnachtstag konnte ich meinen Sohn zum ersten Mal wieder in die Arme nehmen. Er schien zu befürchten, dass ich mit ihm schimpfen würde, und das Erste, was er zu mir sagte, war:

«Mama, meine Beine sind nicht mehr da.»

Im Januar wurde Gérald noch einmal operiert, diesmal für eine Hauttransplantation. Eines Tages war ich zufällig in seinem Zimmer, als gerade sein Verband gewechselt wurde, und ich sah seine Stümpfe zum ersten Mal. Ich glaubte ohnmächtig zu werden. Mir wurde schwarz vor den Augen und ich musste mich am Bettpfosten festhalten, um nicht hinzufallen. Ich bin sicher, dass ihm meine Reaktion nicht entgangen ist. Mir schoss durch den Kopf, dass er sein Leben lang ans Bett gefesselt sein würde. Mir war noch nicht einmal der Gedanke an einen Rollstuhl gekommen.

Der Tag, an dem Gérald nach Hause zurückkehrte, war schrecklich für mich. Die erste Zeit stand ich gegen seine Zimmertüre gelehnt und weinte.

Aber schließlich habe ich mich mit allem abgefunden, weil ich sah, dass Gérald voller Lebensfreude war, dass er nicht unter seiner Behinderung litt und dass er gerne mit anderen Kindern spielte.

Marthe Grenon, Krankenschwester

Ich hatte schon Feierabend, war schon umgezogen und wollte gerade das Krankenhaus verlassen. In dem Moment hörte ich José, der mich mit erregter Stimme rief:

«Marthe! Marthe! Komm schnell in den OP zurück, die Ärzte brauchen dich dringend!»

Ich war für die Kinderstation zuständig und einige Augenblicke später traf ich im Operationssaal ein, wo ich das Kind auf dem Tisch liegen sah. Die zwei Chirurgen beendeten gerade die Amputation der beiden Beine und schickten sich an, die Stümpfe zu vernähen; sie hatten Géralds Beine wirklich sehr hoch oben amputiert. Die Ärzte mussten ihm auch die Schädeldecke öffnen, denn der Kleine hatte eine so genannte Impressionsfraktur, und sie befürchteten wahrscheinlich, dass eine Gehirnblutung eintreten könnte. Im ersten Augenblick war ich angesichts dieser Szene völlig gelähmt. Ich spürte, dass in diesem Saal und unter dieser Beleuchtung eine Atmosphäre der totalen Verzweiflung herrschte. Ich hatte niemals etwas Ähnliches in der Kindermedizin gesehen, und ich sollte im Verlauf meiner Karriere als Krankenschwester auch nie wieder etwas Vergleichbares erleben. Dennoch hatte der Kleine bei seinem schrecklichen Unfall enormes Glück gehabt: Das Rad des Zuges hatte die Arterien seiner Oberschenkel zusammengequetscht. Sonst wäre er innerhalb von zwei Minuten verblutet. Das geht sehr schnell, vor allem bei einem Kind. Er würde wahrscheinlich überleben, aber die Ärzte befürchteten eine Infektion oder andere Komplikationen.

Was uns in den Tagen, nachdem Gérald aus der Narkose aufgewacht war, vor allem auffiel, war seine Lebensfreude, er war glücklich, er strahlte. Er wurde der kleine Sonnenstrahl der Kinderstation, und wenn wir in die Pause gingen, um unseren Tee zu trinken, nahmen wir ihn mit und setzten ihn auf unseren Schoß.

Ich verspürte sofort eine intensive Zuneigung zu Gérald, und sie beruhte auf Gegenseitigkeit. Wahrscheinlich, weil ich im Alter von neun Jahren einen ähnlichen Unfall hatte.

Als ich meinem Vater eines Tages in der Metzgerei half, kippte ich in die Wanne der Fleischschneidemaschine. Nach einigen dramatischen Stunden konnte ich mit einer verstümmelten rechten Hand gerettet werden; seither habe ich an dieser Hand nur noch einen Finger und trage eine Prothese. Als ich diesen kleinen Jungen zum ersten Mal sah, wurde mir plötzlich bewusst, wie viel Anstrengungen er machen musste, um mit dem, was ihm passiert war, zu leben. Genauso habe ich die Gewissheit, dass er die Verwandtschaft unserer Gebrechen gespürt hat. Ich habe viel über den Zufall unserer Begegnung nachgedacht.

In meinem Berufsleben bin ich ziemlich viel herumgereist und mit vielen Krankenschwestern in Kontakt gekommen; aber ich kannte keine, die eine Hand oder andere Gliedmaßen verloren hatte. Zum Zeitpunkt seines Unfalls hatte Gérald also nur eine winzige Chance, unter dem Krankenhauspersonal auf jemanden zu stoßen, der besser als irgendjemand sonst verstehen konnte, was mit ihm geschehen war.

Kurz nach seiner Operation – ich werde diesen Sonntagmorgen nie vergessen, als ich mit einer Hilfskrankenschwester in sein Zimmer trat – saß Gérald in seinem Bett und ich wollte die Leintücher wechseln; Gérald schaute erstaunt auf seine Stümpfe, die in Verbände eingepackt waren, so als ob er sie in diesem Moment zum ersten Mal sehen würde. Dann drehte er sich zu mir um und fragte, ich erinnere mich noch an jedes seiner Worte:

«Wo sind meine Füße?»

Ich habe den Kopf weggedreht, unfähig, meine Tränen zurückzuhalten.

Es fiel mir auch sehr schwer, den Schrank zu öffnen, in dem seine Sachen aufbewahrt wurden und dort sein kleines Paar braune Stiefel stehen zu sehen.

Mehrmals am Tag wollte Gérald, dass ich meine Handprothese abnehme und sie wieder aufsetze. Das war die einzige Bedingung, unter der er akzeptierte, sich von der Stelle zu bewegen.

Er bat mich, sie auszuziehen, und erst dann war er einverstanden, den Korridor hinauf- und hinunterzurutschen und so zu lernen, sich auf den Händen fortzubewegen.

Ich war verblüfft von seiner Willenskraft und seiner Intelligenz, die weit über dem Durchschnitt lagen. Außerdem hatte ich bei ihm dasselbe kleine Fünkchen bemerkt, das mir bei meinem eigenen Unfall ganz tief in meinem Inneren gesagt hatte, dass ich es im Leben schaffen würde. Ich hatte Vertrauen in Gérald.

Gérald Métroz

In den Sekunden, während deren sich alles abspielte, gab es außer mir keinen anderen Augenzeugen für die Tragödie.

Sämtliche Erinnerungen an diesen Tag und an alle folgenden sind in meinem Gedächtnis natürlich sehr verschwommen. Ich weiß nicht, ob es sich dabei um meine wahren Erinnerungen handelt oder ob ich sie mir später anhand von Erzählungen selber zusammengereimt habe. An meine Gefühle erinnere ich mich jedoch noch ganz genau.

Ich sitze auf meinem Dreirad und vergnüge mich damit, zwischen den Schneehaufen hin und her zu kurven. Ich wage mich vor bis auf die hölzerne Rampe, die von den Traktoren als Bahnübergang benutzt wird. Es gibt an dieser Stelle keine Absperrung.

Auf einmal fühle ich mich von etwas unglaublich Starkem erfasst, es ist kalt und ich wünsche mir, dass es aufhört, aber es hört nicht auf; ich werde mitgeschleift und rolle unter die Räder des Zuges.

Dann ist alles vorbei, es ist immer noch sehr kalt, jemand kommt, andere kommen hinzu, ich liege auf dem

Boden, die Leute reden, laufen hin und her, ich war ungehorsam, mir tut nichts weh, aber ich habe Angst.

Jemand hebt mich auf und trägt mich bis zum Haus. Das gelbe Stationsgebäude liegt gerade gegenüber den Gleisen. Ich frage mich, ob ich blute. Ich werde auf das Bett meines Bruders gelegt, warum nicht auf meines? Meine Geschwister stehen um das Bett herum, meine Mutter sagt ihnen, sie sollen beten für ihren kleinen Bruder, der vielleicht sterben wird. Sie reißen sich zusammen, um nicht zu weinen.

Mein Vater stellt sich vor das Kruzifix und fleht es an. Er bittet Gott, mich zu ihm zu holen, mich nicht in diesem Zustand zurückzulassen.

Später, im Krankenwagen, hält meine Mutter meine Hand. Während der ganzen Fahrt sage ich ihr immer wieder, dass ich nichts Böses getan habe. Ich frage sie:

«Wieso haben sie mir dann die Beine abgeschnitten?»

Meine Mutter hatte mir immer gesagt, ich solle nicht dort hingehen, nicht vor dem Haus spielen, wenn die Züge vorbeikommen.

Der Krankenwagen bringt mich in die Klinik. Es ist Nacht und mir ist immer noch kalt.

Nachdem meine Eltern mich ins Krankenhaus begleitet haben, kommen sie nicht mehr wieder. Niemand darf mich besuchen kommen.

Diese Tage im Krankenhaus sind merkwürdig. Die Schwestern und die anderen kranken Kinder sind nett zu mir, aber da ist diese große Traurigkeit darüber, dass ich meine Beine verloren habe, fast wie Verzweiflung, und ich fühle mich von meinen Eltern im Stich gelassen.

Und da ist vor allem dieses enorme Schuldgefühl. Besonders meinem Vater gegenüber. Als es passierte, hat er bestimmt so etwas gesagt wie: «Was hast du jetzt schon wieder angestellt?» Was mit mir geschah, musste also zwangsläufig geschehen und ihm somit Recht geben.

Und dann, meine Beine, wo hatte man sie hingetan, wo waren sie nur geblieben?

Lange Zeit wollte ich immer wieder wissen, was man mit meinen zwei Beinen gemacht hatte. Es hat mich geradezu verfolgt, ich wollte um jeden Preis erfahren, was mit ihnen geschehen war.

Auf diese Frage antwortete mir meine Mutter jedes Mal:

«Man hat sie im Krankenhaus in den Mülleimer geworfen.»

Ich glaube, dass ich hoffte, sie würden wieder zurückkommen; ausgeschlossen, dass sie einfach so verschwunden sein sollten. Ich hätte sie gerne noch einmal mit meinen eigenen Augen gesehen, noch ein letztes Mal, um ganz sicher zu sein, dass ich sie nie wieder würde benutzen können.

Da mein Unfall acht Tage vor Weihnachten passiert war, verbrachte ich Heiligabend im Krankenhaus.

Ich weiß nicht, ob dieses Weihnachtsfest das fröhlichste oder das traurigste im Leben meiner Eltern war. Denn am Weihnachtstag haben die Ärzte meinen Eltern verkündet, dass ich überleben würde.

Heute noch jedenfalls, wenn die Weihnachtszeit kommt, kann meine Mutter ihren Kummer und ihre tiefe Ergriffenheit nur mit Mühe verbergen, besonders dann, wenn sie Weihnachtslieder hört.

Der kleine Krüppel von Sembrancher

Nachdem ich einige Wochen nach meinem Unfall aus dem Krankenhaus in Martigny entlassen worden war, wurde ich zu einer Art Attraktion, zu einem unfreiwilligen Star, zum Star meiner Familie, Star meiner Gegend. Ich hatte alles, um die Aufmerksamkeit auf mich zu lenken, um Mitgefühl oder Mitleid zu erregen.

Die Freunde der Familie, die Cousins und Cousinen und natürlich allerlei Neugierige wollten mich sehen.

Aber das war nicht alles. Ein kleiner Junge, der von einem Zug überfahren und von diesem sechsundsechzig Tonnen schweren Koloss fünfzig Meter weit mitgeschleift wurde und der schlussendlich mit *nur* zwei abgetrennten Beinen überlebte, das interessierte die Medien. Die Journalisten von Presse, Rundfunk und Fernsehen belagerten meine Eltern und Geschwister für Reportagen, die oftmals rührselig waren. *Blick*, die größte schweizerische Tageszeitung, die in Zürich in deutscher Sprache erscheint, machte das ganze Land auf meinen Unfall aufmerksam. Dann kamen andere Zeitungen hinzu, lokale, regionale, überregionale, Radio- und Fernsehsender. Alle interessierten sich leidenschaftlich für meinen Fall.

Blick organisierte eine große Sammelaktion für mich.

Die Zeitung forderte ihre Abonnenten auf, dass jeder einen Franken für mich spenden sollte: *Geld spenden für jemanden, der offensichtlich einen schlechten Start ins Leben hat.* Heute mache ich niemandem mehr einen Vorwurf daraus, mir einen Almosen gegeben zu haben, denn es stand keine schlechte Absicht dahinter, nur eine gewisse Ungeschicklichkeit.

Die Medien wussten auch von der legendären Solidarität, die unter Eisenbahnern herrscht, zu denen mein Vater ja gehörte. Also haben sie meine Geschichte im ganzen Land und in ganz Europa verbreitet, bis in osteuropäische Länder und nach Nordamerika. Wir bekamen von überall her Post, in allen Sprachen.

Ich kann mir gut vorstellen, was für ein Chaos mein Unfall im Leben meiner Familie hervorgerufen haben muss. Ein Zug fährt vorbei und schon sind meine Eltern auf die Titelseiten der Zeitungen katapultiert, werden im Radio interviewt und gefilmt; ihr Leben wurde innerhalb von wenigen Stunden auf den Kopf gestellt. Sie haben diese Invasion so gut es ging überstanden. Eben wie Leute aus bescheidenen Verhältnissen, die nicht wissen, wie ihnen geschieht, wenn plötzlich eine Horde von Journalisten in ihrem friedlichen Bergdorf Sembrancher auftaucht und ihren Sohn als unglücklichen Helden, als Opfer darstellt.

Ich glaube, meine Mutter hat unter alldem sehr gelitten. Sie wünschte sich sicher, dass ihr Sohn weniger berühmt wäre, und wenn, dann zumindest nicht aus diesem Grund. Ich sehe die Bilder noch vor mir, meine Mutter den Tränen nahe, vor einer Fernsehkamera. Sie hat sich bestimmt gefragt, was für ein fürchterlicher Sturm über ihr Leben hinweggefegt war.

Mein Vater hingegen schien mit dem Tumult viel besser zurechtzukommen. Mit einem Lächeln, obwohl er manchmal auch ein wenig verärgert war, nahm er die Fragen der Journalisten, die ständigen Anfragen für Besuche entgegen, empfing Freunde der Familie oder einfach all die Neugierigen, die unbedingt den kleinen Krüppel von Sembrancher sehen wollten.

Auch mein Bruder und meine beiden Schwestern verarbeiteten die Ereignisse recht gut. Die Journalisten zogen sie zu allen Fotos heran, wahrscheinlich, um ihren Lesern das Bild einer glücklichen Familie zu vermitteln, trotz des schrecklichen Unfalls des Jüngsten. Ich spürte, dass Christiane, Isabelle und Pierre-Maurice sogar stolz auf mich waren. Doch wahrscheinlich litten sie auch darunter, dass sie durch die extreme Aufmerksamkeit, die meine Eltern, unsere Freunde und die Medien mir entgegenbrachten, ein wenig übergangen wurden.

Was mich betrifft, so muss ich gestehen, dass ich es genoss, im Zentrum der ganzen Aufregung zu stehen, das Interesse und die Bewunderung der Erwachsenen hervorzurufen, mein Foto in den Zeitungen zu sehen, uns im Radio zu hören, mich und meine Familie im Fernsehen zu sehen. Nichts von alldem stimmte mich traurig: Im Gegenteil, so vergaß ich, dass ich meine Beine verloren hatte, obwohl doch alle kamen, *weil* ich sie verloren hatte.

Ich glaube, dass ich diese Popularität als kleiner Junge und später als Heranwachsender wie eine Art Spiel erlebte. Ich freute mich darüber, bekannt zu sein; ich hatte das Gefühl, je mehr von mir gesprochen wurde, umso mehr wurde ich geliebt, von meinen Freunden, meiner

Familie, von der ganzen Welt. Ich fing sogar an zu glauben, dass mein Schicksal wichtiger sei als das der anderen!

Meine neuen Beine

Die geringste meiner Gesten war von früh an durch das Fehlen der unteren Gliedmaßen geprägt und – bewusst oder unbewusst – sind alle meine Handlungen und wahrscheinlich all meine Gedanken beeinflusst durch die Tatsache, dass ich keine Beine mehr habe.

Und meine Arme waren von klein auf und für den Rest meines Lebens gleichzeitig meine Arme und meine Beine.

Heute bin ich ohne meine Prothesen 99 Zentimeter groß. Wenn ich echte Beine hätte, wäre ich 1,84 Meter groß. Das weiß ich, weil man in der Regel, vom Kopf bis zu den Füßen gemessen, genauso groß ist wie der Abstand von einer Hand zur anderen bei ausgebreiteten Armen.

Ich wiege 60 Kilo. Ich habe all die Vorteile eines leichten Mannes ohne ein Paar Beine, die mir sowieso nichts nutzen würden. Oft sage ich zu meinen querschnittsgelähmten Freunden, dass ihre leblosen Beine total unpraktisch seien. Mit einem gewissen Lächeln antworten sie mir dann, dass ihre Beine zumindest dazu dienen, ihren Urinbeutel an der Wade zu befestigen!

Im Alter von zweieinhalb Jahren, nach meinem Unfall, fing ich an, mich auf den Händen fortzubewegen. Ich musste mich natürlich irgendwie fortbewegen können, auch in vertikaler Richtung: vom Boden auf den Hocker, vom Hocker auf den Tisch und vom Tisch bis oben auf den Schrank zum Beispiel, um einen Batzen in meine Spardose zu stecken. Ich kletterte problemlos jede Treppe nach oben, ich legte mich bäuchlings auf mein Dreirad und radelte mit den Händen. Da ich sehr schnell und auch klein war, wurde ich schließlich unschlagbar im Versteckspiel. Dank meiner Hände und Arme gab es nichts, was unerreichbar für mich gewesen wäre.

Ich habe seltsamerweise keine Erinnerung daran, nach meinem Unfall jemals das Gefühl gehabt zu haben, mir fehle etwas. Als ob diese Sache, die mir passiert war, zwar traurig, aber dennoch natürlich gewesen sei, wie vorprogrammiert. Ich fühlte mich noch nicht einmal verschieden von den anderen, auf jeden Fall nicht in der Zeit, die direkt auf den Unfall folgte. Die ersten Vergleiche mit anderen Kindern meines Alters stellte ich erst bei meinem Eintritt in die Grundschule an, im Alter von ungefähr sechs Jahren.

Wenn Besucher bei uns zu Hause vorbeikamen, bestimmte oft Mitleid ihr Verhalten. Viele gaben meinen Eltern Geld und sagten: «Das ist für den Kleinen …» Ich verstand nicht so richtig, wieso sie uns einen Almosen gaben. Wenn ich heute darüber nachdenke, glaube ich, dass sie damit wahrscheinlich sagen wollten: «Hier, nehmen Sie ein wenig Geld, denn er wird später nichts verdienen können. Die paar Franken werden ihm helfen, zurechtzukommen.»

Vielleicht habe ich, unfreiwillig, zu jener Zeit einigen Personen zu einem guten Gewissen verholfen.

Im Jahr 1966 war ich vier Jahre alt, als meine Eltern mich nach Deutschland brachten, um einen ersten Versuch mit Prothesen zu wagen. Sie mussten ins Ausland fahren, weil die Versicherungsgesellschaft ihnen mitgeteilt hatte, dass kein Krankenhaus in der Schweiz in der Lage sein würde, mir künstliche Beine anzupassen.

Und ich, ich stellte mir vor, dass man mir neue Beine annähen und mein Leben danach wieder normal werden würde. Auch wenn ich ohne Beine ziemlich gut zurechtkam, so fand ich doch die Idee, neue Beine zu bekommen, großartig.

Ich wusste nicht, dass es sehr schwierig werden würde, mir Prothesen anzupassen, denn meine Stümpfe waren wirklich sehr kurz, sieben Zentimeter rechts und neun links, hatten die Ärzte meinen Eltern gesagt.

Sie hatten ihnen auch vorgeschlagen, meine Hüftgelenke zu entfernen, das heißt noch höher zu amputieren, um späteren Problemen und Schmerzen wegen des Hüftknochens vorzubeugen. Aber mein Vater hatte sich geweigert: «Man weiß ja nie, vielleicht besteht doch eine Chance, dass er irgendwann wieder gehen kann.»

Diese Spezialklinik – *Institut für technische Orthopädie und Rehabilitation* – befand sich in Münster, Westfalen. Wie es schien, waren die dort praktizierenden Ärzte ausgezeichnet. Sie verfügten über große Erfahrung, die sie während und nach dem Zweiten Weltkrieg gesammelt hatten, um Prothesen herzustellen und ihren Patienten beizubringen, damit zu gehen. Auch waren Mitte der sechziger Jahre, als ich in der Klinik war, die Conterganschäden weit verbreitet. Diese Missbildungen wurden durch das Medikament Contergan hervorgerufen, das schwangeren Frauen als Schlafmittel verschrieben worden war. Diejenigen, die es eingenommen hatten, brachten Kinder zur Welt, deren obere oder untere Gliedmaßen verstümmelt waren. Und da mein Fall seltsamerweise, oder besser gesagt glücklicherweise, denjenigen dieser Kinder ähnelte, befand ich mich zusammen mit vielen Kindern in dieser Spezialklinik, um mein erstes Paar künstliche Beine auszuprobieren.

Das Gebäude war riesig, von einer eisigen Kälte. Als wir angekommen waren, spürte ich, dass ich, entgegen dem, was man mir gesagt hatte, nicht nur für einen einoder zweitägigen Besuch gekommen war. Ich wurde zum Mittagsschlaf geschickt und als ich wieder aufwachte, waren meine Eltern nicht mehr da.

Noch heute erinnere ich mich mit außergewöhnlicher Klarheit an dieses Gefühl der Verlassenheit: Ich erinnere mich daran, wie ich von Panik ergriffen wurde und wie ich vor lauter Verzweiflung stundenlang aus Leibeskräften schrie. In dem Moment hatte ich auch das Gefühl, betrogen worden zu sein. Auf meine hartnäckigen Fragen nach der Dauer unseres Aufenthalts in Münster hatte meine Mutter wiederholt geantwortet, dass wir nur einige Tage nach Deutschland fahren würden und dass ich mit ihnen wieder nach Hause zurückfahren würde, dass sie mich nicht ganz alleine dort lassen würden. Meine Mutter hatte sicher gewusst, dass ich nicht einen Schritt von ihnen gewichen wäre, wenn ich auch nur geahnt hätte, für eine längere Zeit in Deutschland bleiben zu müssen.

Sie hat mir die Wahrheit nicht gesagt, damit ich nicht zu sehr leide. Diese Wunde ist heute immer noch offen und ich reagiere sehr schlecht auf Halbwahrheiten und fehlende Klarheit. Ich bin überzeugt davon, dass es besser ist, Unklarheit zu vermeiden. Die Wahrheit ist, selbst wenn sie einen zutiefst verletzen kann, besser als Lügen, Schweigen oder Um-den-heißen-Brei-Reden.

In Münster litt ich viel weniger unter dem Alleinsein als unter der Täuschung, auf die meine Eltern zurückgegriffen hatten, um die Trennung zu erleichtern.

Ich war vier Jahre alt und meine Eltern ließen mich also alleine in Deutschland zurück, in einer fremden Umgebung mit Menschen, die eine Sprache sprachen, von der ich kein einziges Wort verstand. Man sagt immer, dass Kinder vergessen, sich an neue Situationen anpassen, sich ans Leben klammern. Das habe ich wahrscheinlich getan. Die anderen kleinen Patienten wurden meine Spielkameraden. Ich erinnere mich an diese Zeit im Krankenhaus, wie ich die langen Gänge auf Händen hinuntergelaufen bin, wie ich so schnell wie möglich Anlauf nahm und mich dann auf dem glatten Boden gleiten ließ, an das Lachen der Kinder, die Mahlzeiten, den starken Geruch, der in der Luft hing. Wenn ich heute in ein Krankenhaus gehe, erinnert mich der Geruch jedes Mal an jene Zeit.

Eine meiner intensivsten Erinnerungen ist die an die anderen Kinder, die sich – ohne Arme geboren – ihrer Füße unglaublich geschickt bedienten, um sich anzukleiden, die Zähne zu putzen, zu essen, zu malen, zu spielen. Ich erinnere mich auch an eine Krankenschwester, Gudrun, die sich oft um mich kümmerte und in deren Gesellschaft ich mich wohl fühlte. An einen Arzt, den ich *Onkel* nannte, und an all die Aufmerksamkeit, die mir zuteil wurde. Es gab sogar eine Familie, die jeden Sonntag aus Holland kam – Münster ist nur zwei Schritte von der Grenze entfernt –, um mich für eine Spazierfahrt im Auto abzuholen. Ich habe nie genau erfahren, wer diese Leute waren, aber sie hatten mich gern.

Dann bekam ich meine ersten Prothesen. Sie waren aus Pappelholz, was man meistens für Prothesen verwendet, und mit einem metallenen Gelenkmechanismus an jedem Knöchel versehen. Die Knie waren jedoch unbeweglich. Sie wurden an mir festgesaugt und ich bekam zwei kleine Stöcke, auf die ich mich stützen konnte, um meine ersten künstlichen Schritte zu machen. Mein erster Reflex, ich erinnere mich noch sehr gut daran, war, die Stöcke fortzuwerfen und ohne «Zubehör», ohne Hilfe loszustürmen, wie ein Jongleur hoch oben auf seinen zwei Stelzen. Dieser erste Versuch dauerte einige Minuten.

Die Prothesen taten mir sehr, sehr weh.

Am Anfang zog ich sie nur einige Minuten an, drei- oder viermal am Tag. Dann wurden die Versuche allmählich immer länger. Der Schwierigkeitsgrad der Hindernisse wurde auch jedes Mal höher: Ich musste Treppen steigen, indem ich mich am Geländer festhielt, Gefälle hinauf- und hinuntergehen, große und kleine Schritte üben.

Meine Eltern vermisste ich nicht; ich hatte sie vollkommen vergessen. Einmal ist meine Mutter gekommen, um mich zu besuchen, und sieben Monate später, im November, sind meine Eltern gekommen, um mich abzuholen. Ich habe sie nicht wiedererkannt. Das Krankenhauspersonal informierte sie, wie man meine Prothesen an- und ausziehen musste, dann verließen wir das Krankenhaus.

Ich sprach überhaupt kein Französisch mehr. Im Zug,

der uns von Münster in die Schweiz zurückbrachte, weinte ich ununterbrochen und schrie auf Deutsch:

«Anziehen! Ausziehen!» (womit die Prothesen gemeint waren).

Als ich die Klinik verließ, war der Kontakt meiner Stümpfe mit dem Holz der künstlichen Beine jeweils so schmerzhaft, dass ich das Gestell nicht länger als ein oder zwei Stunden am Tag aushalten konnte. Im Übrigen lief ich weiterhin auf meinen Händen und das gefiel mir so. Zu Hause benutzte ich also die Hände zur Fortbewegung und lernte weiterhin den Umgang mit den Prothesen.

Allmählich behielt ich sie immer länger an. Durch die Anstrengung, die diese komische Gangart kostete, wurde mein Körper jeden Tag muskulöser. Ich wurde ein wenig unabhängiger und fing an, ansehnliche Distanzen zu überwinden. Ich wurde schließlich zu einem regelrechten Virtuosen auf Prothesen: durch ein Anziehen des Rückens, der Hüfte und des Stumpfs und dann durch ein darauf folgendes Drücken auf den oberen Teil der Prothese den Körper in eine Schwungbewegung bringen. Diese Links-rechts-Aufeinanderfolge von Schwungbewegungen gab mir ein gewisses Gleichgewicht.

Zuletzt schreckte ich vor keinem Hindernis mehr zurück. Trottoirs, Treppen, alle möglichen Rampen, ich begann alle nur denkbaren Flächen zu überqueren, von morgens bis abends, sechzehn von vierundzwanzig Stunden, wie von einer inneren Kraft getrieben, die mir sagte: «Gérald, nichts kann dich davon abhalten, da hinzugehen, wohin die anderen gehen, das zu machen, was die anderen machen, das zu sein, was die anderen sind.»

«So sein wie die anderen.» Diesen Satz wiederholte

mir mein Vater andauernd in meiner Kindheit und er wirkte wie ein Katalysator auf meine geistige und körperliche Entwicklung.

Bernadette Métroz: Bericht

Am 6. April 1966 brachten wir Gérald in eine orthopädische Klinik nach Münster, in Deutschland. Während der Fahrt im Nachtzug, der einen Höllenlärm machte, sagte Gérald zu seinem Vater:

«Wenn man unter diesen hier kommt, ist man tot!»

Wir hatten Gérald erklärt, dass wir nach Deutschland fahren würden, um ihm Prothesen anfertigen zu lassen. Aber Gérald dachte, dass wir direkt nach unserer Ankunft ein Paar Beine in Empfang nehmen und sofort wieder nach Hause fahren würden. Im Wartesaal sagte der Doktor zu ihm, dass er lange dort bleiben müsse. Mein Mann und ich hatten eigentlich vorgehabt, vor unserer Heimfahrt zwei Tage in Münster zu bleiben. Aber nachdem wir Gérald, der weinte und schrie, zum Mittagsschlaf hingelegt hatten, ertrug ich den Gedanken, auch nur einen Tag länger hier zu bleiben, nicht mehr. Ich war verzweifelt, Gérald zurücklassen zu müssen. Trotzdem fuhren wir mit dem nächstbesten Zug in die Schweiz zurück.

Wir hatten keine Ahnung, wie lange Gérald in Münster bleiben musste. Die Ärzte hatten uns gesagt, dass sie uns schreiben würden, wann wir ihn wieder abholen könnten. Die einzigen Nachrichten, die wir über ihn erhielten, kamen von einem holländischen Ehepaar, das in unserem Dorf Ferien gemacht hatte. Da diese Leute nicht weit von Münster entfernt wohnten, hatten wir ihnen geschrieben und sie gefragt, ob sie Gérald gelegentlich besuchen könnten. Daraufhin sind sie sonntags mit ihm spazieren gegangen.

Die Tageszeitung *Blick* schickte von Zeit zu Zeit einen Journalisten nach Münster, um ihre Leser über die Fortschritte unseres Sohnes auf dem Laufenden zu halten. Zu Hause sprachen wir nicht viel über unsere Gefühle, aber ich erinnere mich daran, dass ich Géralds Kleider im Schrank nicht mehr anschauen konnte, ohne zu weinen, ebenso wenig die kleinen Kinder im Dorf, mit denen er gespielt hatte.

Vier Monate später, im August, bin ich ein erstes Mal mit meiner Schwägerin nach Münster auf Besuch gefahren. Als wir ankamen, schaute Gérald uns wie Fremde an. Ich hatte Fotos von seinem Bruder und seinen Schwestern sowie die kleine Spieldose mitgebracht, die ich ihm abends zum Einschlafen jeweils vorgespielt hatte. Er blickte auf die Bilder, hörte die Musik an, schaute mich an, ich schaute ihn an, nichts geschah. Ich erinnere mich auch an meine Enttäuschung. Ich hatte mir vorgestellt, dass Gérald mit seinen Prothesen schon anständig laufen würde, aber er konnte sie nur ganz kurze Zeit anziehen. Er musste sie immer wieder abnehmen, weil sie ihm zu starke Schmerzen verursachten.

In Münster wollte er nicht, dass ich ihn in seinem Wagen spazieren fahre, und ich weinte. Eine Krankenschwester sagte zu mir:

«Weinen Sie nicht, von all den Kindern, die hier sind, geht es Gérald am besten.»

Sie baten mich, ihm ein Paar Schuhe zu kaufen, da er keine eigenen hatte. Sie gaben mir die Größe an und ich kam mit einem kleinen Paar brauner Schuhe zurück. Gérald freute sich so darüber, dass er sie noch in derselben Nacht zum Schlafen unter sein Kopfkissen steckte.

Dann fuhren wir wieder nach Hause. In den Monaten während Géralds Aufenthalt in Münster hatte ich Alpträume, oft den gleichen: Ich träumte, dass sein Krankenhaus brennen würde und dass ich nichts tun könnte, um mein Kind aus den Flammen zu retten.

Eines Tages erhielten wir dann den Brief, in dem stand, dass Gérald nach Hause kommen könne. Seine Heimkehr war schmerzhaft für mich. Den ersten Monat dachte ich, dass ich es nicht durchhalten würde. Gérald weinte wegen der Prothesen, die ihn schmerzten. Ich litt enorm darunter, nicht verstehen zu können, was Gérald mir sagte, was er mich fragte. Er führte Selbstgespräche auf Deutsch vor dem Fernseher, er konnte kein Wort Französisch mehr und ich konnte kein Deutsch. Er kauerte sich oft auf den Boden, in eine Ecke der Küche und weinte. Nach einer Weile sprach Gérald endlich wieder französisch.

Schiedsrichter!
Unser Torwart hat ein Bein verloren!

Im Alter von sechs Jahren erhielt ich meinen ersten Rollstuhl und kam in die Schule. Mein Vater begleitete mich am ersten Schultag. Er schob meinen Rollstuhl, ein schweres, unhandliches Ding, das mindestens 25 Kilo wog, ein Modell, wie man es heute nicht mehr sieht. Der Sitz und die Armlehnen waren flaschengrün und ich konnte die Räder nicht selber bewegen, um auf diese Weise vorwärts zu kommen. Mein Vater stellte den Rollstuhl am Eingang hin und ich legte die Strecke bis zu meinem Klassenzimmer auf meinen Prothesen zurück, so wie ich es in Zukunft jeden Tag machen sollte.

Die Lehrerin rief die Namen der Schüler auf. Als ich auf meinen antwortete und sie mich sah, stürzte sie auf mich zu, um mir zu helfen, denn sie wusste nicht, ob ich alleine bis zu meiner Bank laufen könnte. Sie wies mir einen Platz in der ersten Reihe am Fenster zu, neben Corinne, einer kleinen Blonden mit einer rotbraun karierten Schürze, die sich auch sogleich meiner annahm.

Die Schule begeisterte mich von Anfang an. Ich betrachtete sie als eine Art sportlichen Wettkampf, wo ich mein Bestes tat, um unter den Ersten zu sein, immer neugierig und fleißig. Außerdem war mein Vater als Stationsvorsteher Mitglied des Gemeinderats und für die Grundschulen zuständig. Es lag also in meinem Interesse, ihm alle Ehre zu machen. Das war es vor allem, was mich motivierte: Ich wollte der ganze Stolz meines Vaters sein. Als ob ich meine körperliche Behinderung um jeden Preis durch ein untadeliges Verhalten in der Schule und Intelligenz kompensieren wollte.

Meine Eltern sagten mir auch immer wieder, dass ich, der keine Beine hatte, einen «klugen Kopf» brauchte, um aus meinem Leben etwas zu machen, und ich meinerseits hatte den tief verankerten Willen, es zu etwas zu bringen.

Bis zum Alter von acht Jahren glaubte ich, dass mir die Tatsache, keine Beine zu haben, die bedingungslose Liebe meiner Angehörigen und meiner Schulfreunde garantieren würde. Oft sagte ich mir: «Unvorstellbar, dass jemand gemein sein sollte zu mir, der ich doch schon das Pech hatte, meine Beine zu verlieren!» Auch dachte ich, meine Gesellschaft sei so angenehm, dass ich keine Feinde haben könne. Ich wollte nicht unbeliebt sein, ich wollte jedem ein perfekter Freund sein. Aber ich musste ganz schnell zurückstecken, als die Kameraden auf dem Spielplatz der Grundschule von Sembrancher anfingen, sich über mich lustig zu machen. Auch wenn sie selten waren, so taten mir doch Bemerkungen wie: «Du gehst wie ein Elefant!» oder «Du hast ja sowieso keine Beine!» weh. Nach solchen Vorfällen kam ich weinend nach Hause und meine Mutter tröstete mich immer zärtlich: «Du bist dafür besser in der Schule als sie» oder: «Du hast zwar deine Beine verloren, aber nicht deinen Kopf, und der ist schlau.»

Die Lehrer waren sehr rücksichtsvoll mit mir. Eine der heikelsten Situationen, mit der sie fertig werden mussten – und ich im Übrigen genauso –, waren meine Sportstunden. Was würden sie mit mir anfangen? Der Gedanke, wegen meiner Behinderung aufs Abstellgleis gestellt zu werden, versetzte mich in Panik. Ich hatte wahnsinnige Angst davor, von der Gruppe getrennt zu werden. Die Lehrer hatten meine Eltern gefragt, ob ich beim Sportunterricht mitmachen wolle oder nicht. Und ich fand die simpelste Lösung, die es gab: Ich drängte mich einfach von Anfang an auf. Ich versuchte, mit meinen Prothesen bei allen Sportarten mitzumachen, außer bei denen, wo es wirklich unmöglich war, wie zum Beispiel beim Laufen. Bei den anderen Disziplinen, an metallenen Stangen hochklettern, Ball spielen und sogar beim Weitsprung, beteiligte ich mich mehr recht als schlecht, fühlte mich aber integriert. Ich erinnere mich an meinen ersten Weitsprung: Ich sprang einen Meter weit, mehr nicht, aber ich bekam eine 6, die beste Note! Auch wenn ich keine Leistung erbracht hatte, so hatte der Lehrer doch meine Anstrengung belohnt.

Bei den Mannschaftsspielen hatte ich einige gute Freunde, die mich nicht merken ließen, dass durch meine Teilnahme das Durchschnittsniveau der Gruppe gesenkt wurde. Ich schätzte ihre Kameradschaft, sie ermunterten mich jedoch dermaßen, dass ihr übertriebener Optimismus mir meine Behinderung umso mehr ins Bewusstsein rief. Andere wiederum zögerten nicht, den Kopf missbilligend zu schütteln, wenn ich schlecht spielte. Zum Beispiel, wenn ich beim Fußball als Torwart dummerweise einen gegnerischen Ball durchließ. Sie behandelten mich als ihresgleichen, ohne Begünstigung oder Gönnerhaftigkeit, und das gefiel mir: Ich wollte sein wie alle anderen.

Mein größter Kummer waren die Skilager. Dann hatte

ich schulfrei. Ein erniedrigendes «schulfrei»! Obwohl ich mich bemühte, konnte ich meinen immensen Schmerz nicht verbergen, wenn meine Klassenkameraden mit ihren Skiern auf den Schultern loszogen.

Zu Hause bewegte ich mich nur auf den Händen vorwärts. Sobald ich jedoch das Haus verließ, um zur Schule oder anderswo hinzugehen, zog ich meine Prothesen an und legte sie erst am Abend, wenn ich wieder daheim war, ab. Für längere Strecken musste ich meinen Rollstuhl von Freunden oder meinen Eltern schieben lassen.

Mittlerweile hatte ich zwar einen Rollstuhl und ein neues Paar Prothesen mit beweglichen Kniegelenken, aber meine Bewegungsfreiheit war dennoch immer von anderen abhängig und ich fühlte mich wie ein Gefangener. Ich hatte ein unbändiges Bedürfnis nach Freiheit, und alles, was sich meiner Unabhängigkeit in den Weg stellte, verletzte mich tief und störte mich immer mehr.

Mit zehn Jahren bekam ich ein Geschenk, das neue Freiheiten gab: einen Ruderrenner! Das war so etwas wie ein großes, rotes Dreirad, das man mit den Armen antreiben musste. Ich war überzeugt, dass Elisa, die Wirtin vom Bahnhofsbuffet, hinter diesem fabelhaften Geschenk steckte. Sie mochte mich sehr und ich verbrachte viele Stunden bei ihr, hörte ihr zu und unterhielt mich mit ihr in ihrem Restaurant gerade gegenüber von unserem Haus. Sie wollte es mir niemals sagen, aber ich spürte, dass sie die anonyme Schenkerin war.

Dank dem Ruderrenner gehörte das Dorf jetzt mir. Ich konnte endlich auf eigene Faust durch die Gegend streifen, zur Schule und überallhin fahren. Ich konnte bei Rennen mitmachen; meine Spielkameraden versuchten, mich mit ihren Velos abzudrängen, und fragten mich dann, ob sie meinen Ruderrenner ausprobieren dürften; ich verbrachte Stunden auf meinem neuen Fahrzeug, meine Prothesen auf den herausstehenden Achsen des Vorderrads verstaut.

Nun war ich weniger auf meine Eltern angewiesen, um mich fortzubewegen; der kleine Behinderte fing endlich an, auf eigenen Füßen zu stehen.

Pucks und Bälle

Schon im Alter von fünf Jahren interessierte ich mich leidenschaftlich für Sport. Meine ganze Kindheit war geprägt von Wettkämpfen und Spielen, von Rekorden, Resultaten und Leistungen, die wir, meine Freunde und ich, alle auswendig kannten.

Meine persönlichen Lieblingsdisziplinen waren Ballsportarten und Eishockey. Aber zu Hause interessierten wir uns alle, durch die Bank weg, für sämtliche Sportarten. Mein Bruder, meine Schwestern, mein Vater, meine Mutter und ich drängten uns jeweils vor den Fernseher und gaben Kommentare ab. Unsere Freunde kamen vorbei, um bei uns die Wettkämpfe anzuschauen. Wir verbrachten ganze Tage wegen der Tour de France, den Eishockeyweltmeisterschaften, dem Tennisturnier in Wimbledon, der Fußballweltmeisterschaft vor dem Fernseher. Ich sammelte Bilder, die ich aus den Zeitungen ausschnitt, wir schlossen Wetten ab über die Hockeyweltmeisterschaften zwischen der UdSSR und der Tschechoslowakei. Unsere Helden hießen Nedomansky, Suchy, Hlinka, Holecek, Petrov, Charlamov, Mikhailov, Tretiak.

Wir fragten uns gegenseitig stundenlang über die verschiedenen Sportarten und derer Vertreter ab. Aber unsere wirklich große Leidenschaft, das, was uns Kinder von Sembrancher zusammenschweißte, war das Eishockey. Wir lebten für das Hockey, und es gab nichts, noch nicht einmal die Schule, das unseren Enthusiasmus bremsen konnte.

Solange ich mich zurückerinnern kann, verhandelte ich mit meiner Mutter darüber, dass ich früher, so gegen acht Uhr, ins Bett gehen wollte, damit sie mich um Punkt elf für die Direktübertragung von Fußball- oder Eishockeyspielen wieder wecken konnte. Meine Geschwister tobten vor Wut, denn sie betrachteten dieses Privileg als eine Laune, die meine Mutter durchgehen ließ, weil sie sich nicht traute, Nein zu sagen. Wohlwollend sagte sie zu ihnen:

«Versetzt euch doch nur einen einzigen Tag in seine Lage, dann versteht ihr.»

Da sich niemand traute zu widersprechen, installierte ich mich triumphierend vor dem Fernseher.

Und inspiriert von diesen herrlichen Bildern großer Sportler, trugen wir jeden Tag auf dem Spielplatz der Grundschule oder vor dem Bahnhof unseres Dorfes diverse Wettkämpfe aus. Wir verbrachten Stunden mit einem Ball, wir erfanden Spiele! Ich hatte einen neuen Rollstuhl bekommen, den ich endlich selber bewegen und mit dem ich neue Heldentaten vollbringen konnte. Wenn wir erschöpft waren, machten wir eine kleine Pause und sprachen wieder von unseren Idolen Pelé, Gerd Müller und Cruyff. Immer kurz bevor die Züge vorbeikamen, das heißt mehrmals in der Stunde, kam meine Mutter herunter und bat uns, das Spiel zu unterbrechen, und wenn es dunkel wurde, kam sie, um mich zum Abendbrot zu holen. Die Verlierer und Gewinner des Spiels gingen jedoch nie nach Hause, ohne sich vorher für die Revanche am nächsten Tag verabredet zu haben.

Im Herbst, kurz bevor die Hockeysaison begann, holten wir unsere Stöcke vom Vorjahr aus dem Keller und im Laufe von denkwürdigen Spielen mit alten Tennisbällen gaben wir ihnen den letzten Schliff.

Die Teilnahme an diesen Nachbarschaftsgefechten bereitete mir ungeheures Vergnügen. Ich lebte, ich war wirklich einer von ihnen, einer unter vielen, ein Behinderter, der keiner mehr war.

Diese Erlebnisse waren so intensiv, dass ich später diese Liebe für das Hockeyspiel zu meinem Beruf machte. Noch heute steht dieser Sport an oberster Stelle in meinem Leben.

Huckepack auf dem Rücken meiner Mutter

Mit neun Jahren befestigte ich zum ersten Mal Schlittschuhe an meinen Prothesen. Das war eine ganz spezielle Aktion und ich bedurfte dazu der Hilfe meiner Mutter. Zuerst zog ich meine künstlichen Beine an, setzte mich auf den Küchenhocker, meine Mutter schnürte mir die Schlittschuhe zu und nahm mich dann auf ihren Rücken. Vollständig ausgerüstet, mitsamt meinen Prothesen, wog ich an die 50 Kilo. Diese Last trug meine Mutter also tapfer zur Eisbahn. Im Winter war das Risiko, auf Schnee oder Eis auszurutschen, natürlich beträchtlich. Wir mussten die Eisenbahngleise überqueren, dann einen steilen Abhang mit Stufen, die in den Schnee eingegraben waren, hinuntersteigen. Wenn wir hinfielen – was oft vorkam –, ging meine Mutter in die Hocke und ich kletterte wieder auf ihren Rücken. An der Schlittschuhbahn angekommen, beugte sie sich über die Absperrung und ließ mich so von ihrem Rücken direkt auf das Eis gleiten. Später kam sie mich wieder abholen und wir legten die ganze Strecke in umgekehrter Richtung zurück.

Am Anfang ging ich lieber zur Eisbahn, wenn niemand sonst dort war, zum Beispiel, wenn alle bei Tisch waren oder ganz früh am Morgen, denn ich wollte nicht, dass jemand merkte, dass ich noch nicht gut Schlittschuh laufen konnte. Damit ich auf dem Eis von der Stelle kam, ohne hinzufallen, musste ich zuerst die Kniegelenke in gerader, unbeweglicher Stellung blockieren. Wenn ich dann endlich aufrecht stand, schwang ich mit riesiger Anstrengung die Hüften, um das Gleichgewicht zu halten. Ich wählte eine Richtung und stürzte mich nach vorne, indem ich immer weiter Hüftbewegungen machte. So rutschte ich, fast wie durch ein Wunder, in einer Pendelbewegung über das Eis. Aber es war unmöglich, schnell zu gleiten oder gar abrupte Bewegungen nach links oder rechts zu machen.

Zwei Jahre nach meinen Anfängen als Schlittschuhläufer verbreitete sich eine großartige Neuigkeit in unserem Dorf. Mein Nachbar, Dominique Delasoie, hatte beschlossen, eine Hockeymannschaft für Anfänger aufzustellen und diese bei den lokalen Meisterschaften anzumelden.

Ich wollte sofort dabei sein und begann, nachts davon zu träumen. Meine Leidenschaft machte mich blind dafür, dass meine Behinderung meiner Wahl zum Spieler ernsthaft im Weg stehen könnte. Dann endlich fiel Dominiques Entscheidung: Ich war als einer der drei Torwarte seiner zukünftigen Mannschaft ausgewählt worden! Ich war so glücklich, dass ich triumphierend nach Hause ging, um meinen Eltern die Nachricht zu überbringen. Aber sie begegneten meinem Enthusiasmus mit zurückhaltender Miene. Wahrscheinlich befürchteten sie spätere Enttäuschungen.

Ich war zum Torwart bestimmt worden, also musste ich mich entsprechend anziehen. Das heißt, ich musste eine ziemlich schwere Schutzkleidung an meinen Körper anpassen, mit Bein- und Schulterschutz und dem Helm insgesamt fast zwölf Kilo. Auf diese Weise ausstaffiert, schaffte ich es immerhin, einigermaßen effizient, aber sehr unelegant auf meinen zwei Prothesen Schlittschuh zu laufen. Meine Stärke, die einzige im Übrigen, war die «Fanghand». Durch die ausladende Form des Handschuhs kann man den Puck im Flug auffangen und stoppen, indem man ihn im Handschuh einschließt. Da ich alle Ballsportarten mit der linken Hand spielte, war ich geschickt genug, um eine gute linke Fanghand zu haben.

Am schwierigsten war es für mich, wieder aufzustehen, wenn ich mich aufs Eis geschmissen hatte, um einen Puck zu stoppen. Dafür hatte ich eine neue Technik erfinden müssen: Ich stützte mich auf meinen Eishockeystock wie auf einen Hebel, um mich wieder auf meine Schlittschuhe zu stellen.

Im Tor zählte ich auf meine Geschicklichkeit, wenn es darum ging, die Scheibe zu stoppen, und ich glaubte an ein Wunder, das mich auf das Niveau meiner beiden Freunde heben würde, die auch Torhüter waren und viel besser als ich. Um meine Unzulänglichkeiten auszugleichen und mehr Gleichgewicht und Stabilität zu haben, hatte ich mich schließlich dafür entschieden, in permanenter Stellung auf den Knien vor dem Netz zu verharren.

Aus diesen vier Meisterschaftsjahren habe ich noch eine recht komische Anekdote in Erinnerung, eine lustige Episode, die sich im September 1976 während eines

Qualifikationsspiels ereignete, das in Champery, einem Wintersportort im Wallis, organisiert worden war. Wir spielten einen Match gegen Nendaz, ich war vierzehn Jahre alt und stand breitbeinig vor meinem Tor. Plötzlich, infolge einer abrupten Bewegung, löste sich eine meiner Prothesen von meinem Körper und landete weit hinten im Tor. Ich brüllte sofort verzweifelt in Richtung von Pascal Emonet, unserem Kapitän. Er stürzte mitten im Spiel zum Schiedsrichter und schrie:

«Schiedsrichter! Schiedsrichter! Sie müssen das Spiel unterbrechen! Unser Torwart hat ein Bein verloren!»

Ich erinnere mich auch an die fast peinliche Nachsichtigkeit unseres Trainers Dominique angesichts meiner Leistungen. Sie waren vielleicht heldenhaft, lagen jedoch oft unter dem Durchschnitt. Trotzdem hörte er nie auf, mich zu ermutigen und wie die anderen zu behandeln, und das reichte aus, um mich glücklich zu machen. Im Laufe der Zeit und in dem Maß, wie sich unser Niveau verbesserte, wurde mir jedoch die Tatsache, dass meine körperlichen Möglichkeiten auf Schlittschuhen nicht ausreichten, immer bewusster. Schließlich musste ich, der ich doch verliebt war in diesen Sport, einsehen, dass ich niemals ein richtiger, ein großer Hockeyspieler sein würde und dass ich meine Hockeykarriere abschreiben musste. Ich spielte noch so lange weiter, wie ich das Gefühl hatte, dass meine Leistungen die der Mannschaft nicht zu sehr beeinträchtigten; ich wollte nicht aus Barmherzigkeit geduldet werden.

Eines Tages sprach einer meiner Mitspieler – heute danke ich ihm für seine schonungslose Offenheit – jene definitiven Worte:

«Du kannst mit zwei Prothesen nicht so spielen, wie

du mit zwei Beinen spielen würdest! Gib dich keiner Illusion hin.»

Das war meine letzte Saison.

Ich war sechzehn Jahre alt und beschloss, meine Karriere als Torhüter auf die bestmögliche Weise zu beenden: Ich verzichtete auf die Meisterschaften.

Im Sonntagshemd

Auf dem Gymnasium war ich, wie schon auf der Grundschule, ein fleißiger Schüler. Ich war stolz darauf, immer alles perfekt zu können, und stets bedacht, meinem Vater zu gleichen, dessen Intelligenz ich bewunderte. Nach Beendigung der Grundschule ging ich, bestärkt von einem meiner Lehrer, auf die Stiftsschule der Abtei von Saint-Maurice. Jener Lehrer hatte bei mir eine gewisse Begabung für Französisch, Geschichte und Sprachen festgestellt, also alles, was man brauchte, um die Matura zu bestehen.

Meine Hauptsorge hier blieb dieselbe: den anderen zu gleichen, so wie alle anderen zu sein, mich nicht zu unterscheiden, mich zu integrieren. Ich musste zeigen, dass ich auch ohne Beine ein toller Typ war. Ich hätte wirklich alles dafür getan, geliebt zu werden. Ich wollte mein Anderssein nicht wahrhaben, so als ob dieser Unterschied die Macht gehabt hätte, mich von den Leuten, von denen ich geliebt werden wollte, fernzuhalten. Heute glaube ich, dass diese Ängste durch das schreckliche Gefühl der Verlassenheit, das ich in Münster erlebt hatte, ausgelöst worden waren. Denn die Angst davor, allein gelassen zu werden, ist ja, im weitesten Sinne, nichts anderes als die Angst davor, nicht geliebt, nicht anerkannt, nicht seinem Wert entsprechend geschätzt zu werden, die Angst davor, in den Augen der anderen nicht zu existieren.

Am ersten Tag an der neuen Schule erschien ich in meinem weißen Sonntagshemd, bis zum Kragen zugeknöpft. Meine Klassenkameraden trugen Lederjacken und Cowboystiefel. Ich fühlte mich wie der Bauernbub, der geradewegs aus seinem Provinznest kam.

Ich musste mich erst an diese schulische Etappe gewöhnen und neue Lebenskräfte entfalten, um mir einen Freundeskreis zu schaffen, der mir die nötige Unterstützung bei all meinen Bedürfnissen gewähren würde: mir erlauben, mich auf einer Schulter abzustützen, wenn ich die Treppen hinuntersteigen musste, meine Schultasche die vierhundert Meter vom Bahnhof zur Schule tragen, mich auf den Rücken nehmen, wenn wir uns in einen anderen Klassenraum begeben mussten, um Zeit einzusparen.

Die Tatsache, dass ich die anderen brauchte, beeinträchtigte meine Autonomie, aber anders war es nicht zu machen. Ich war abhängig von meinen Klassenkameraden und von meinen Eltern. Mein Stolz litt weiterhin darunter und ich erwiderte diesen Mangel an Selbständigkeit, indem ich mich manchmal meinen Freunden gegenüber unfreundlich verhielt und die Tendenz hatte, sie auszunützen. Ich wusste, dass sie es nicht wagten, mir eine Bitte auszuschlagen, und ich hatte die Fertigkeit entwickelt, praktisch alles, was ich wollte, zu bekommen, indem ich auf ihr Mitleid und einen gewissen Humor setzte:

«Also bitte, das wirst du doch einem armen Behinderten nicht abschlagen, oder?»

Das klappte jedes Mal. Mit meinen Freunden spiele ich dieses Spiel heute noch, aber nicht im Ernst, sondern zum Spaß und um mich über das «verwöhnte innere Kind» lustig zu machen.

Wenn die Lehrer mich zum ersten Mal sahen, wussten sie nie so richtig, wie sie mich ansprechen sollten. Nicht zu sehr auf die harte Tour, um den Behinderten nicht zu verletzen, aber auch nicht auf die mitleidige Tour, weil sie den Eindruck der Barmherzigkeit und des Mitleids vermeiden wollten. Meistens half ich ihnen über ihre Verlegenheit hinweg, indem ich einen Scherz machte oder ihnen meine Bewegungsfreiheit demonstrierte und sie somit meiner körperlichen und geistigen Gesundheit versicherte. Sie merkten sehr schnell, dass ich den Ablauf des Unterrichts trotz meiner Behinderung nicht stören würde. Nach der typischen anfänglichen Zurückhaltung empfanden sie schließlich immer Sympathie für jenen neugierigen Schüler, der bereit war zu spaßen und eigentlich ganz gut in der Schule war.

Ich fühlte mich weiterhin von meinen Freunden und Lehrern geschätzt und tat alles, um diese Zuneigung aufrechtzuerhalten.

Pascal

In meiner Kindheit traf ich eines Tages auf denjenigen, der mein bester Freund werden sollte. Von Anfang an brachte ich ihm grenzenlose Zuneigung und großen Respekt entgegen. Ich bewunderte seine Unabhängigkeit, seine sportliche Begabung, seinen Charme Mädchen gegenüber, seine Anständigkeit, seine künstlerischen Talente und seine starke Persönlichkeit. Ich respektierte Pascal und achtete ihn sehr. Manchmal frage ich mich, ob diese Bewunderung nicht in eine Art Nachahmung oder zumindest den Versuch einer Nachahmung ausgeartet ist. Eine Zeit lang haben Pascal und ich uns aus den Augen verloren. Nach Beendigung meiner Schulzeit in Saint-Maurice wohnten wir dann in Genf zusammen in einer Wohnung. Pascal studierte an der Musikhochschule, ich ging zur Universität. Er ist heute Berufsmusiker und spielt in einem Genfer Sinfonieorchester Posaune. Außerdem unterrichtet er am Konservatorium der Stadt Sitten im Wallis.

Prager Festspiele
15. August 1999

Gérald, mein Freund!

Die erste Erinnerung in meinem Leben bist du, Gérald. Wir sind beide im selben Dorf geboren, mit einigen Monaten Abstand zu deinen Gunsten. Ich erinnere mich nicht mehr an deinen schrecklichen Unfall; wir waren damals zweieinhalb Jahre alt.

Als ich vier Jahre alt war, trafen wir deine Familie anlässlich eines traditionellen Sonntagsspaziergangs auf dem Friedhof. Deine Mutter sagt zu dir: «Siehst du, das ist Pascal, er ist genauso alt wie du. Zeig ihm, wie gut du gehen kannst.» Und ich sehe, wie ein kleines Menschlein in dunkelblauen Shorts, die unten zugenäht sind, auf den Händen um die Grabsteine herumläuft.

Dieser unvergessliche Augenblick, der sich für immer in mein Gedächtnis eingeprägt hat, war der Anfang einer intensiven Freundschaft, ich möchte sogar sagen, einer Liebesgeschichte. Ich erinnere mich an unsere Schulzeit zusammen, den Stolz, den ich empfand, dich vor all unseren Kameraden auf dem Rücken zu tragen, jedes Mal wenn wir uns an einen anderen Ort begeben mussten; den Reichtum einer Kindheit auf dem Dorf, wo alle Kinder meistens vor deinem Haus, dem Bahnhof, zusammen spielten. Schon damals hattest du diese Kraft zum Versammeln, zum Überzeugen, und das hatte nichts mit deiner Behinderung zu tun, denn für uns warst du völlig normal, wir waren daran gewöhnt.

Ich habe eine Vielzahl von Erinnerungen, in denen du das Zentrum, die treibende Kraft unserer kleinen Welt

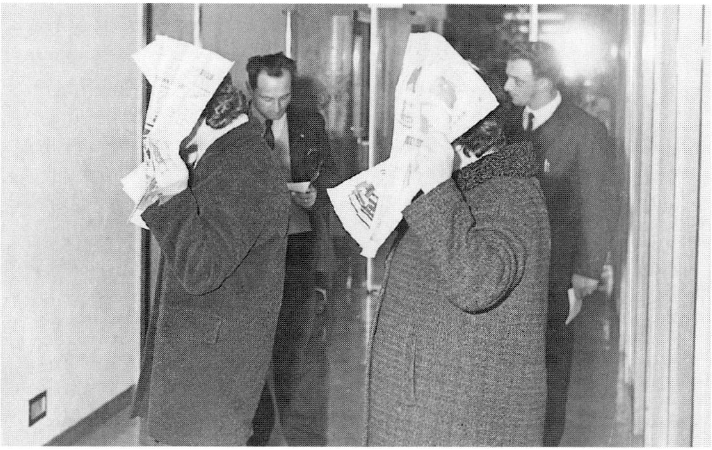

Wenige Tage nach Géralds Unfall im Krankenhaus von Martigny. Die Besucher haben sich hinter Zeitungen zu verbergen, um den kleinen Jungen nicht aufzuregen.

Bahnhofsvorsteher Roger Métroz mit seinem Sohn Gérald auf dem Bahnhof von Sembrancher, Frühjahr 1966.

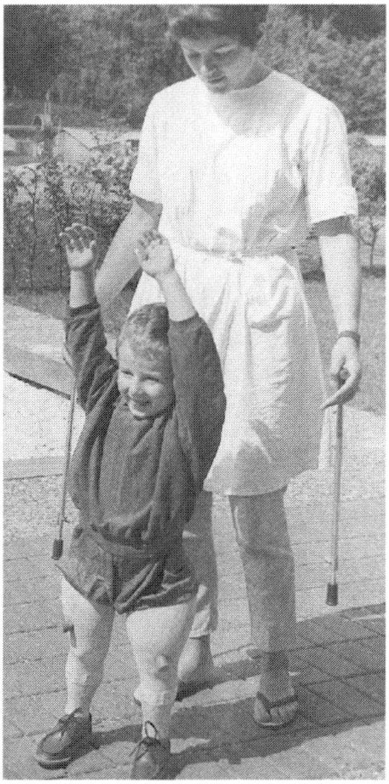

Gérald macht seine ersten Gehversuche auf Prothesen. Am Anfang konnte er die Prothesen wegen der großen Schmerzen nur für ein paar Minuten am Tag anziehen.

Gérald zusammen mit Contergan-geschädigten Kindern in der Orthopädischen Universitätsklinik in Münster, 1966.

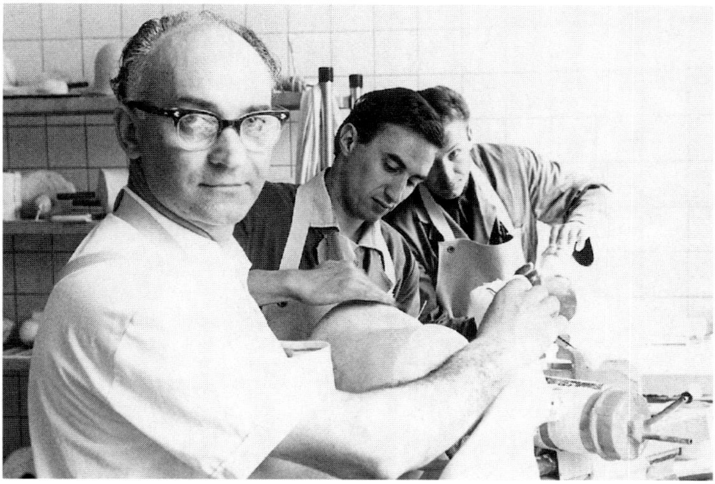

In der Orthopädischen Universitätsklinik in Münster werden Géralds erste Prothesen angefertigt.

Münster: Géralds Mutter Bernadette und eine Krankenschwester schauen dem Jungen bei seinen Gehversuchen zu.

Gérald mit seinen Eltern und seinen Geschwistern.

Gérald mit seinen Geschwistern Christiane, Isabelle und Pierre-Maurice vor dem Bahnhofsgebäude und Elternhaus in Sembrancher.

Roger Métroz und seine Tochter an der Stelle, wo der schreckliche Unfall geschah.

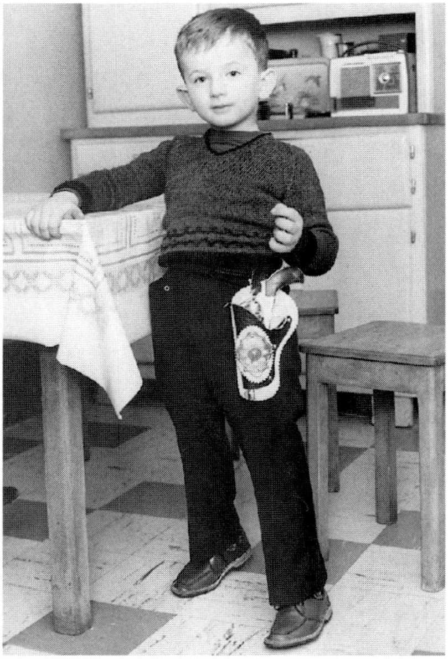

Gérald in der Küche seines Elternhauses, 1968.

Gérald mit der Mütze seines Vaters, 1966.

Mit seinen Kameraden vor der Schule in Sembrancher.

Als Torhüter beim Eishockeyspiel, 1978.

Gérald mit seinem Freund Pascal Emonet als regionale Eishockeymeister, 1976.

Im Trainingslager
der Basketball-
Nationalmannschaft
in Kroatien, 1979.

Time-out bei einem Spiel in Genf, 1984.

Bei einem Spiel gegen Basel, 1983.

Als erfolgreicher Tennisspieler am Swiss Open in Genf, 1995.

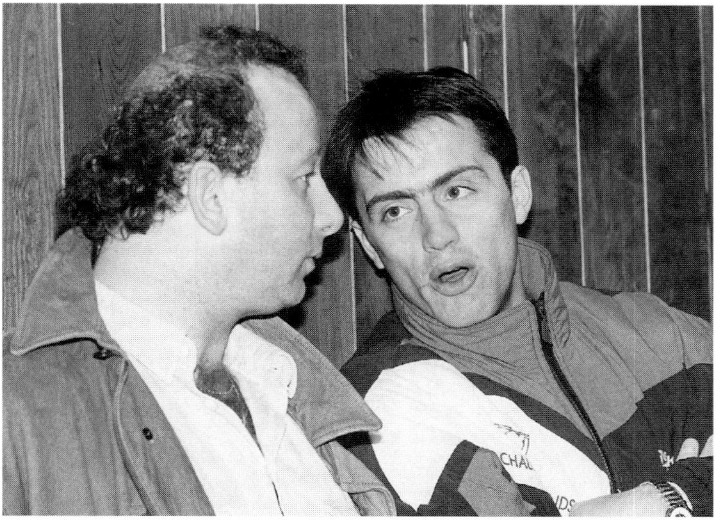

Gérald Métroz als international bekannter Spielervermittler mit dem Eishockeystürmer Philippe Bozon, 1995.

Gérald mit seinem Freund und ehemaligen Geschäftspartner Christophe Spadone, 1997.

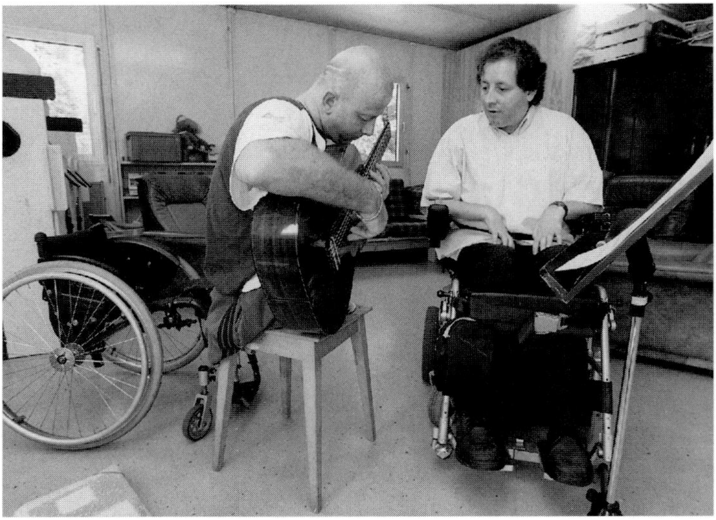

Der Gitarrist und Komponist Guy Kummer erteilt Gérald seit 1998 Gitarrenunterricht.

Gérald in seiner Wohnung, 1999.

Gérald in seiner Wohnung, 1999.

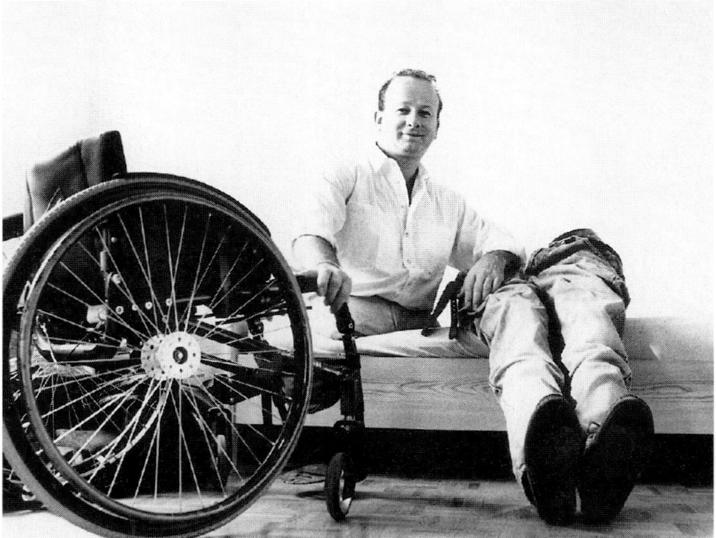

Gérald Métroz als Fotomodell für die Pro Infirmis Kampagne «Wir lassen uns nicht behindern», Winter 2000/2001.

Jacques Briod und Gérald Métroz in Südfrankreich, 1999.

warst. Die wunderbarste bleibt jene großartige Heldentat, als unsere Eishockeymannschaft, die, genau wie im Film, mit ihrer Clique von freiwilligen und übermotivierten Anhängern ganze Nächte lang den Rasen besprengte, um so etwas Ähnliches wie eine Eisbahn herzustellen, zu guter Letzt die Kantonsmeisterschaft gewann. Du, Gérald, warst unser Torhüter, unser Stolz; du hast uns dirigiert, uns angeschrien, du hast die Gemüter beruhigt, positive Energien wieder zusammengeführt, wenn sie auseinander zu fließen drohten. Du warst der Chef, du warst vor allem leidenschaftlich.

Um dich zu beschreiben, braucht es nur dieses eine Wort: leidenschaftlich. Du bist begeistert von allem, was du anfängst, begeistert, zu entdecken und dich selbst immer wieder neu zu entdecken, begeistert von Begegnungen, begeistert, dich vom Abenteuer des Lebens mitreißen zu lassen.

Seit unserer wunderbaren ersten Begegnung bin ich nie mehr von deiner Seite gewichen. Auch wenn wir durch Tausende von Kilometern getrennt sind, spüre ich dich in meiner Nähe. Auch wenn unsere Einstellungen, unsere momentanen Überzeugungen, unsere Lebensweisen entgegengesetzt sind, finde ich dich anlässlich eines improvisierten Abends unter Freunden wieder und dasselbe Glücksgefühl, dasselbe Wohlgefühl ergreift mich, so wie damals, als ich dich zum ersten Mal sah. Du bist mein Freund.

Pascal Emonet

Das kanadische Aha-Erlebnis

Mit sechzehn Jahren durfte ich meinen Führerschein machen. Das Straßenverkehrsamt hatte mir die Erlaubnis erteilt, die Prüfung zwei Jahre früher als normal abzulegen. Das Gesetz in der Schweiz legt das Mindestalter für Fahrzeuglenker auf achtzehn Jahre fest, aber ich hatte zwei Jahre vor meiner Volljährigkeit einen Antrag gestellt, um auf einem dreirädrigen Motorrad, welches einer meiner Freunde für mich bauen wollte, fahren zu dürfen.

Zu meiner Überraschung antwortete die Verkehrspolizei mit der Ankündigung, dass ich dank einer Sondergenehmigung zwei Jahre früher als die anderen ein Fahrzeug fahren dürfe. Ohne zu zögern nutzte ich diese Gelegenheit und schaffte mir direkt nach der Führerscheinprüfung ein Auto an, das dank einem System aus Metallstangen, die mit dem Brems- und dem Gaspedal verbunden waren, mit den Händen gefahren werden konnte. Von Anfang an habe ich mich geweigert, auf dem Heck meines Wagens einen Aufkleber *Behindert* anzubringen, denn ich erachte das Behindertsein nicht als einen Teil meiner Identität. Mit sechzehn habe ich also begonnen, das bis dahin unerreichbare Vergnügen von Fahrten über lange Strecken kennen zu lernen.

Dank diesem neuen Fortbewegungsmittel verzichtete

ich schließlich im Alltag auf meinen Rollstuhl und zeigte mich nur noch mit meinen Prothesen in der Öffentlichkeit. Ich wollte meine Behinderung verbergen, und das hatte zur Folge, dass es mir mit der Zeit undenkbar geworden war, meinen Mitmenschen anders als auf meinen künstlichen Beinen gegenüberzutreten.

Das einzige Hilfsmittel, mit dem ich Sport treiben konnte, blieb allerdings der Rollstuhl. Jetzt aber fuhr ich mit meinen Prothesen im Auto bis zum Trainingsort, in den Umkleideräumen zog ich die Prothesen aus und begab mich dann mit meinem Rollstuhl in die Halle zum Spielen. Daraufhin zwang ich mich, die Prothesen wieder anzulegen, um den Umkleideraum zu verlassen. Ein unheimlicher Aufwand!

Eines Tages kam ich von einem Leichtathletiktraining und stieß auf zwei Männer im Rollstuhl, die sich einen Ball zuwarfen und mich aufforderten mitzumachen. Basketball wurde zu meiner neuen Lieblingssportart, selbst wenn diese nicht gerade ohne Risiko war.

Rollstuhlbasketball bringt viel Körperkontakt und Zusammenstöße zwischen den Rollstühlen mit sich. Oft wird ein Spiel durch das ständige Anschieben der Räder mit Blasen an den Händen beendet, oder man verstaucht sich die Finger, weil sie in den Rädern des gegnerischen Rollstuhls eingeklemmt werden, oder man trägt gar Rippenprellungen davon infolge von gegnerischen Ellenbogenstößen.

Als Maurice Bridy und Gilbert Luisier – die beiden Basketballspieler, die ich kennen gelernt hatte und die meine Freunde geworden waren – mich ihrer Mannschaft vorstellten, wurde ich sofort aufgenommen. Ich machte schnell Fortschritte und wurde einer der fünf

Stammspieler der kantonalen Walliser Mannschaft. Durch hartes Training wurde ich schließlich zu einem der besten Spieler des Landes. Darauf folgten die Auswahl in die Nationalmannschaft und drei Titel als bester Torschütze bei den Schweizer Meisterschaften.

Schließlich errangen wir 1980 jenen denkwürdigen Sieg beim Finale der Schweizer Meisterschaft in Bellinzona; ich war gerade achtzehn Jahre alt. Wir hatten mit 42 : 36 gegen die Mannschaft aus Zürich gewonnen und mehr als die Hälfte der Punkte gingen auf mein Konto. Ich erinnere mich noch an die ungeheure Freude, die wir, meine Kameraden und ich, darüber empfanden, die beste Leistung in der Geschichte unserer Mannschaft erbracht zu haben.

Anschließend spielte ich in vier verschiedenen Teams in der Schweiz und in Frankreich und nahm mit unserer Nationalmannschaft an Dutzenden von internationalen Spielen teil. Einmal waren wir mit der helvetischen Abordnung im *Palazzo dello Sport* in Mailand, um vor 11 000 Zuschauern gegen Italien zu spielen – ein Zuschauerrekord! Kurz vor Beginn des Spiels wurde auf einer riesigen Leinwand das Gesicht und der Name jedes einzelnen Spielers angezeigt und ich war beeindruckt von der Größe der Buchstaben unserer Namen: Wir selbst waren winzig dagegen! Im Allgemeinen ziehen Basketballspiele im Rollstuhl nicht gerade Massen von Leuten an, aber dieses Mal hatten die Italiener die Werbetrommel gerührt und ich war unheimlich ergriffen. Zum ersten Mal in meinem Leben hatte ich die perfekte Illusion, ein großer und bewunderter Athlet zu sein, umjubelt von einer tobenden Menge. Endlich war ich, innerhalb von nur einem Wettkampf, ein richtiger Star am Sportlerhimmel geworden, ich, der ich als Kind mit meinem Hockeystock so intensiv davon geträumt hatte, ein berühmter Spieler zu werden.

Bei den kanadischen Hockeyspielern

Meine Kollegiumszeit habe ich im Alter von zwanzig Jahren mit einer klassischen Matura in Latein und Englisch abgeschlossen. Ich hatte mir oft die Frage gestellt, was ich danach machen würde, ohne eine genaue Antwort gefunden zu haben. Das Einzige, was ich wusste, war, dass ich Sport treiben wollte. Ansonsten interessierte ich mich mehr oder weniger für Geschichte. So entschied ich mich, allerdings ohne großen Enthusiasmus, für die Universität von Genf. Mein Aufenthalt an der philosophischen Fakultät beschränkte sich allerdings auf zwei Jahre, unter anderem deshalb, weil ich meine Kraft, längere Strecken zu überwinden, überschätzt hatte.

Den ganzen Tag lang trug ich meine Prothesen und musste damit ständig von einem Hörsaal zum anderen laufen, um die Vorlesungen in Geschichte, Englisch und Soziologie besuchen zu können. Am Ende von solchen Marathontagen kam ich abends völlig erschöpft in die Wohnung zurück, die ich mit meinem Jugendfreund Pascal Emonet teilte. Um am nächsten Tag wieder bei Kräften zu sein, musste ich mich gegen neun Uhr schlafen legen und konnte dreizehn Stunden später einigermaßen erholt aufstehen. Angesichts dieser Belastung sah ich bald ein, dass meine Tage an der Universität gezählt waren und dass meine Ausdauer für das unaufhörliche Hinundherlaufen mit Prothesen nicht ausreichen würde.

Heute frage ich mich, warum ich damals in Genf nicht auf die offensichtliche Lösung des Problems gekommen war: *Ein Rollstuhl hätte alles viel einfacher gemacht!*

Wahrscheinlich kam ich deshalb nicht auf die Idee, weil ich noch nicht bereit war, mich öffentlich – außer bei sportlichen Wettkämpfen – im Rollstuhl zu zeigen. Ich hätte mich zu sehr geschämt.

Im Winter 1984 gab ich mein Studium auf. Zur selben Zeit hatte mir eine Lokalzeitung, der *Nouvelliste*, ein Volontariat als Journalist in ihrer Redaktion in Martigny angeboten. Ich schrieb schon seit einigen Jahren Artikel für dieses Blatt und nahm die Stelle ohne zu zögern an.

Ich war für die Lokalnachrichten zuständig und berichtete über die Spiele der Hockey- und Fußballmannschaften der Region. Nach zwei Jahren bat ich meinen Chef um ein Sabbatjahr, denn ich trug mich seit einiger Zeit mit dem Gedanken, nach Kanada zu gehen – wo ich schon mehrmals im Urlaub gewesen war –, um dort ein Buch über Eishockey zu schreiben. Seit einigen Monaten war ich dabei, mir Notizen zu machen, Bücher und Zeitungsartikel zu sammeln für ein Buch, das der vergleichenden Geschichte des Eishockeys in Europa und Nordamerika gewidmet sein sollte.

Der Chefredakteur des *Nouvelliste* hatte meinem Antrag auf ein Sabbatjahr stattgegeben und so flog ich am

27. November 1987 nach Montreal, innerlich überzeugt, dass ich mein kanadisches Projekt durchziehen würde. Ich blieb zwei Jahre dort.

In Kanada traf ich auf Menschen, die alles taten, um mir zu helfen. Michel und Viviane Drolet, die in Sherbrooke, eine Stunde Autofahrt von Montreal, lebten, empfingen mich wie ihren eigenen Sohn. Ich hatte sie einige Monate zuvor beim Rendezvous 87 (einem Hockeyturnier zwischen Russland und Kanada) in Quebec kennen gelernt und sofort Freundschaft mit ihnen geschlossen.

Michel Drolet war wie eine göttliche Vorsehung für mich. Sein Vater hatte eine der weltgrößten Fabriken für Hockeystöcke gegründet, die Firma Sher-Wood, und Michel war für die Abteilung der professionellen Spieler zuständig. Ihm habe ich es zu verdanken, dass ich auf sämtlichen Eisbahnen Nordamerikas war, dass ich große Persönlichkeiten des Hockeys kennen lernen konnte, Menschen, die diesen Sport mitgeprägt und wichtige Entscheidungen getroffen haben. Ich hatte die Möglichkeit, alles zu analysieren, Hunderte von Fragen zu stellen, und ich hatte Zugang zu allen erdenklichen Informationen zu diesem Thema. Schließlich veröffentlichte ich im Sherbrooker Verlag Compton ein Buch mit dem Titel *Au cœur du hockey*. Anschließend erwarb ich die Rechte, das Buch auch in Europa herausgeben zu können. Dieses Buch bedeutete nicht nur die Vollendung meines ersten großen Projektes, sondern auch den Beginn eines Abenteuers, das eng mit der Welt des professionellen Hockeys verbunden war.

Als ich in Kanada an meinem Buch schrieb, hat sich in mir etwas gelöst. Ich glaube, dass ich zu diesem Zeitpunkt genug Lebenserfahrung gesammelt hatte, um die Dinge so zu sehen, wie sie sind. Ich verstand endlich, dass mein körperliches Wohlbefinden wichtiger war und ich dafür zum Teil für meine äußere Erscheinung Kompromisse eingehen musste. Als Kind war es mir nicht peinlich, mich den anderen ohne Prothesen zu zeigen. Als ich jedoch in den ersten Schuljahren anfing, mich mit meinen Kameraden zu vergleichen, wollte ich den Unterschied ausradieren. Ich habe mir den Alltag durch das Tragen meiner Prothesen zur Qual gemacht.

Wenn ich mit Freunden zu Fuß unterwegs war, musste ich alle dreihundert Meter in einem Café oder auf einer Bank ausruhen. Die anderen gingen weiter, genossen den Spaziergang und amüsierten sich, während ich, unbeweglich und müde, sitzen bleiben musste, um wieder Kräfte zu sammeln. Ich litt physisch, um mit ihnen Schritt zu halten, und moralisch, weil ich sie aufhielt.

Ich erinnere mich noch an jene Spritztour, die wir im Juni 1980 nach Monaco zum Grand Prix der Formel 1 unternahmen: Durch die Stadt kam man nur noch zu Fuß und ich stand Qualen aus, weil ich um jeden Preis mit meinen Freunden mithalten und das Rennen entlang der Rennstrecke verfolgen wollte. Die Pendelbewegung beim Gehen, durch die die ganze Anstrengung auf meinen Rücken übertragen wurde, die Härte des Kontakts der hölzernen Beine mit meinem Gesäß hatten mir schließlich die Freude verdorben an dem, was eigentlich ein schönes Erlebnis sein sollte.

Das Aha-Erlebnis

In Kanada beschloss ich von einem Tag auf den anderen, auf meine Prothesen zu verzichten, so als ob ich meine Haut abstreifen würde. Es war wie eine vollkommene Verwandlung.

Ein Satz meiner kanadischen Freundin Viviane Drolet hatte alles ausgelöst. Wir befanden uns in einem riesigen Supermarkt mit unendlich langen Gängen und ich schleppte mich mühsam hinter ihr her. Auf einmal drehte sie sich zu mir um:

«Warum mühst du dich so ab, wo du doch mit deinem Rollstuhl viel schneller und bequemer vorwärts kämest? Wir könnten nach Florida in die Ferien fahren, einkaufen gehen und du könntest alles mit uns zusammen machen, ohne Einschränkung!»

Plötzlich begriff ich, dass ich in meinem Leben *nie wieder Beine haben würde*. Und gleichzeitig wurde mir klar, dass es nichts nützte, dieser Tatsache nicht ins Auge schauen zu wollen. Ich akzeptierte zum ersten Mal den Gedanken, dass ich – von dem Moment an – ein vollständiges Dasein ohne Beine führen konnte. Indem ich mich einfach auf andere Art und Weise fortbewegte, öffnete ich mir die Tore zur Bewegungsfreiheit und akzeptierte gleichzeitig, mich in der Öffentlichkeit so zu zeigen, wie das Leben mich gestaltet hatte: als einen Oberkörper und ein Becken, in einem Rollstuhl sitzend. In Kanada konnte dieses Aha-Erlebnis wahrscheinlich leichter geschehen als in der Schweiz. Ich brauchte dort mein Image nicht zu verteidigen und hatte keine alten Bekannten.

Durch den Verzicht auf meine Prothesen habe ich endlich etwas aus meinem Anderssein gemacht. Anstatt es durch einen ständigen Kampf, der sich nicht lohnte, zu verleugnen, begann ich, es mir zu Nutze zu machen. Und das hat wiederum neue Lebenskräfte in mir freigesetzt.

Warum nur hatte ich so lange darauf beharrt, Prothesen zu tragen? Der Grund liegt sicher bei dem beträchtlichen Vorteil, den sie gegenüber dem Rollstuhl haben: Sie ermöglichen es einem, *aufrecht zu stehen*. Für einen selbst und aus der Sicht der Mitmenschen ist das von großem psychologischem Vorteil. Auf meinen Prothesen kann ich mit meinem Gegenüber von Angesicht zu Angesicht sprechen, den Blick auf normaler Augenhöhe.

Abgesehen davon ist auch das Gefühl, zu gehen, sehr angenehm. Ich, der gerne schöne Kleidung trägt, bin glücklich, einen Anzug, eine Hose und Schuhe anziehen zu können. Mein Äußeres war mir zu einem bestimmten Zeitpunkt einmal so wichtig, dass ich immer, wenn ich meine Prothesen anhatte, elegant gekleidet sein wollte.

Bis zu meinem 27. Lebensjahr kaufte ich mir ständig neue Kleidungsstücke. Ich besaß Dutzende von schicken Anzügen und Krawatten. Jetzt, im Rollstuhl, trage ich keine eleganten Stoffhosen mehr und auch keine schönen, glänzenden Schuhe: Den äußeren Schein habe ich abgelegt, aber dafür an Echtheit gewonnen. Schummeln brauche ich nicht mehr.

Der Verzicht auf meine Prothesen hat auch bei meinen Mitmenschen eine Veränderung hervorgerufen. Vor meinem Aufenthalt in Kanada wussten nur die wenigsten, woraus meine Behinderung genau bestand. Sie sahen, dass ich mich auf seltsame Art und Weise fortbewegte, ohne sich jedoch vorzustellen, dass meine unteren Gliedmaßen so hoch oben amputiert worden waren. Von dem Moment an, wo ich mich nur noch im Rollstuhl fortbewegte, wussten sie sofort, was los war. Manchmal spürte ich, dass es ihnen peinlich war, mich ohne Beine auf meinem Stuhl zu sehen, als ob ich in der Mitte durchgeschnitten wäre.

Eines Tages fuhr ich ohne meine künstlichen Beine nach Zürich zur Hockeyweltmeisterschaft. Ich versichere Ihnen, es ist schon ein seltsames Gefühl, jemanden zu treffen, der glaubt, dass man Beine hat, und der dann feststellt, dass man keine hat!

Die Tatsache, dass ich akzeptierte, mich so zu zeigen, wie ich bin, hat auch vieles an meinem Verhältnis zu Frauen verändert. Wenn ich zum Beispiel vor meinem Aufenthalt in Kanada versuchte, in den Bistros Mädchen anzumachen, blieb ich immer an der Bar stehen oder auf meinem Stuhl sitzen. Ich hatte fürchterliche Angst vor der Reaktion der Mädchen, wenn sie sehen würden, wie ich meinen Platz verließ oder wie ich mich bewegte. Ich musste mit enorm viel Schauspielertalent aufwarten, um meine Behinderung zu verbergen. Ich erhob mich also nicht, um zur Toilette zu gehen, ich ließ die Mädchen nicht ihre Hand auf mein Bein legen, ich erfand alle möglichen Vorwände, um nicht tanzen zu gehen. Die Aufzählung der Liste dieser Ausreden scheint mir im Nachhinein unerträglich, denn sie spiegelt die konstante und systematische Verneinung meiner Persönlichkeit wider. Ich bin sicher, dass ich mit so vielen Hemmungen und so wenig Selbstvertrauen nicht gerade das Objekt der Begierde darstellte, das Frauen sich erträumten. Mein Liebesleben beschränkte sich deshalb bis zu meinem Aha-Erlebnis in Kanada auf die erwähnte «Schmalkost».

In Kanada wurde ich also im Alter von 25 Jahren derjenige, der ich heute bin und als den ich mich heute präsentiere: mit mir selbst und meinem Körper zufrieden. Ich glaube, dass auch die Frauen ein besseres Verhältnis zu mir bekommen haben. Sie schätzen diese Ehrlichkeit und Offenheit, ohne Verkleidung und ohne Holzprothesen. Ich glaube, dass sie einfach auch neugierig sind, damit habe ich jetzt keine Probleme mehr. Einige haben mir sogar gestanden, dass ein Mann ohne Beine bei ihnen gewisse Fantasien heraufbeschwört.

Meine Prothesen lege ich praktisch nie mehr an, außer unter ganz bestimmten Umständen. Es gibt zum Beispiel Eisbahnen, deren Zugang im Rollstuhl schwierig ist oder wo es für mich einfacher ist, auf meinen künstlichen Beinen zu stehen, um die Spieler auf dem Eis zu beobachten. Manchmal ziehe ich sie auch aus rein praktischen Gründen im Winter an. Wenn sehr viel Schnee liegt, kann ich den Rollstuhl nicht benutzen, weil der Boden glatt ist und ich nicht vorwärts komme. Also laufe ich, so gut es eben geht, zu Fuß. Von Zeit zu Zeit benutze ich sie auch, um im beruflichen Umfeld mein Image zu wahren. So als ob eine leise Stimme mir immer noch zuflüstern würde, dass in der Welt des Sports das Äußere nach wie vor seine Wichtigkeit habe und dass es gut sei, den Leuten im Sport-Business korrekt gegenüberzutreten. Ich gebe zu, dass ich ein Schmunzeln zurückhalten muss, wenn ich in aufrechter Haltung Menschen begegne, die nicht wussten, dass ich mit Prothesen laufen kann. Sie bleiben dann mit offenem Mund stehen und können ihre Überraschung nur mit Mühe verbergen.

Manchmal ertappe ich mich dabei, wie ich mit meinen Prothesen eine ganz normale Haltung annehme. Zum Beispiel schlage ich beim Sitzen die Beine übereinander, oder ich setze mich auf einen Barhocker, stelle meinen Fuß auf den dafür vorgesehenen Ring und beuge dabei das Knie. Es geht nur darum, so zu tun, als ob, und sei es nur für den Moment einer Position oder eines Blickes. Und es geht auch um das Gefühl, für einige Momente den neugierigen Blicken derjenigen zu entkommen, die mich jedes Mal, wenn sie mich im Rollstuhl sehen, von oben bis unten mustern. Es ist wie eine süße Rache, mir sagen zu können: «Wenn die wüssten …» Das ist nicht böse gemeint, nur ironisch.

Insgesamt blieb ich zwei Jahre in Quebec. Danach verspürte ich das Bedürfnis, in die Schweiz zurückzukehren. Schwer zu sagen, warum! Ich hatte das unbestimmte Gefühl, dass in der Schweiz eine neue Lebensetappe für mich beginnen müsste. Die Entscheidung zur Rückkehr hat sich mir gegen Ende des Jahres 1988 fast aufgedrängt, als Schritt in einen neuen Lebensabschnitt, der mich persönlich weiterbringen würde.

Nicole

Ich war sechzehn Jahre alt, als ich zum ersten Mal ein Mädchen küsste. Ich hatte wenig Vertrauen in mein Aussehen und meinen Sex-Appeal und fühlte mich als «Zweifach-Amputierter auf Stelzen» durch meine wenig elegante Gangart für immer bestraft. Als ich ungefähr zwanzig war und meine ersten sexuellen Kontakte hatte, befürchtete ich, dass die Frauen Angst vor der Berührung mit meinen Beinstümpfen hätten, dass sie sich davor ekeln würden. Ich hatte Angst vor dem Zurückgestoßenwerden.

Ich erlebte alle möglichen Reaktionen. Manche Frauen vermieden es, diese Stellen zu berühren. Andere wiederum taten es aus Neugier und stellten sich vor, dass wir uns «ungebremst» tummeln könnten, dass man gewisse Dinge machen könnte, die man mit zwei Beinen nicht zustande bringen würde. Die Frauen, die mich so geliebt haben, wie ich bin, gaben mir Sicherheit und halfen mir dabei, meinen Körper besser zu akzeptieren. Mit zunehmender Erfahrung verschwanden meine Ängste, ich wurde offener und ruhiger, wenn ich meinen Körper zeigte, und zwar sowohl in der Öffentlichkeit als auch im Intimleben. Ich glaube, je mehr ich mit meinem Körper eins wurde, umso leichter akzeptierten ihn meine Partnerinnen ihrerseits.

Trotzdem habe ich bis zum heutigen Tag selten mit einer Frau meinen Alltag geteilt, ich lebte immer lieber alleine.

Juli 1999

Gérald,

Das, was unser Leben am stärksten prägt, ist das Kommen und Gehen, verursacht durch deine Reisen in die ganze Welt. Deine Geschäfte sind der Vorwand, um das Weite zu suchen. Es ist ein großes Bedürfnis für dich, ständig neue Horizonte, neue Kulturen zu entdecken. Ein Bedürfnis, dich an neuen Umgebungen, neuen Begegnungen zu reiben. Manchmal weinst du beim Abschied, und wenn du wieder nach Hause kommst, versprichst du mir, dass du nie wieder so weit und so lange ohne mich verreisen würdest.

Dennoch höre ich dir nur mit halbem Ohr zu, denn ich weiß, dass diese Zeiten der Abwesenheit für dich Gelegenheiten sind, dich selber besser kennen zu lernen und an deine eigenen Grenzen zu stoßen. Gelegenheiten auch, das auszuleben, was du laut und deutlich forderst: deine Freiheit.

Ist es die Abwesenheit der Beine? Eine zu strenge Erziehung? Die Angst davor, an einem Ort oder in einer Situation in die Falle zu geraten? Die Angst davor, Gefangener einer Liebe zu sein? Davor, verlassen, zurückgestoßen zu werden?

Die Zeit und die Erfahrungen haben dich doch gelehrt, dass nichts und niemand dich einschließen kann. Dass sich die Freiheit in deinem Inneren befindet. Und dass einzig deine Gedanken aus dir deinen eigenen Gefängniswärter machen können.

In manchen Momenten unserer Beziehung verbarrikadierst du dich selbst, wegen eines Wortes, eines Satzes.

Dann ist der große Weltenbummler in die Falle gegangen. Hinter diesen Mauern kann dich nichts mehr erreichen, weder Geduld noch Sanftheit. Du wirst zum Einsiedler.

Am Ende solcher Stürme kommst du zu mir. Meine Arme sind ein Zufluchtsort, meine Worte beruhigen dich. Dann öffnest du mir die Tore zu deinem Herzen. Diese Momente sind unser Geheimversteck. Sie schließe ich ganz tief in meinem Inneren ein. Ich bin deine Vertraute. Allmählich gewinnst du Vertrauen in die Liebe, in die Frau. Immer weniger versuchst du, sie mit den Waffen eines Kriegers zu erobern. Du öffnest dich der Zärtlichkeit, der Sanftheit. Du wagst es, deine Schattenseiten und deine Zerbrechlichkeit preiszugeben. Das ist der Gérald, den ich immer wieder von neuem entdecke und der mich verzaubert.

Manchmal wirfst du mir vor, dir zu viele Fragen zu stellen, zu viel über den Sinn des Lebens, die Liebe, den Tod nachzudenken. Manchmal lachst du über das Umherschweifen meiner Gedanken, aber du bist und bleibst mein bevorzugter Gesprächspartner und lässt dich, trotz leichter Gereiztheit, mit mir auf leidenschaftliche Diskussionen ein.

Bücher, Filme, Reisen bereichern unsere Beziehung,

und wie alte Freunde tauschen wir stundenlang unsere Entdeckungen aus.

Ich weiß nicht, Gérald, was morgen sein wird. Aber heute spüre ich, wie meine Liebe zu dir in mir vibriert.

Oft stellen die Leute mir, als Frau, Fragen über diese Liebe, über ihre Grenzen, über die Art und Weise, wie sie funktioniert. Ich begegne erstaunten Blicken: «Ein Typ ohne Beine!»

Ich sehe Ängste in den Blicken, die sich abwenden, vielleicht auch Mitleid. Ich lächle bei dem Gedanken an das, was in dir wohnt.

Ich sehe in dir den wagemutigen Sportler, den eiligen Manager, den Denker, den Clown, den Genießer, den Einzelgänger, den Ungeduldigen, den Wankelmütigen, den Unentschlossenen, den Methodischen, den Musiker, den Trotzkopf, den Spaßmacher, den wilden Liebhaber, den Mann und das Kind.

Du bist für mich kein Übermensch, aber all diese Rollen sind Teile von dir. Sie machen dich liebenswert, verführerisch, amüsant und manchmal unerträglich!

Ich bin kein Kind mehr. Die Liebe hat mein Leben geprägt und mich gelehrt, die Grenzen der Regeln und Konventionen zu überschreiten. Du bist derjenige, mit dem ich lerne, die Grenzen der Zeit, der Entfernungen und des Unmöglichen zu überwinden.

Du bist der Mann, den ich liebe; ob mit oder ohne Beine, das ist mir egal. Ich gebe dir einen Kuss auf deine Lippen.

Die, die dir immer sagt, dass du ihr kleiner «Lieblingsmann» bist.

Nicole

Spiele und Arbeit

Ich liebe es zu gewinnen: Ich bin vor allem ein «Wettkampf-Spieler». Das heißt, ich trainiere zwar gerne, bin aber bei einem Spiel immer besser als beim Training. Nichts spornt mich mehr an als ein Wettkampf, bei dem es um einen Einsatz geht. Ich muss zugeben, dass ich schon immer Mühe hatte, Sport nur zum Vergnügen zu treiben, aber heute versuche ich zu verstehen, warum ich von diesem Zwang, zu gewinnen, getrieben werde.

Ich glaube, dass das Rollstuhlbasketball meine Liebe zum Spitzensport geweckt hat. Eines Tages wurde mir bewusst, dass ich bis dahin nur Mannschaftssport betrieben hatte. Tief in meinem Inneren fühlte ich mich jedoch immer mehr zu einer individuelleren Disziplin hingezogen, bei der ich selbst über mein Schicksal, über Sieg oder Niederlage entscheiden kann.

Bevor ich nach Kanada ging, war ich schon einmal mit Rollstuhltennis als Sportart in Berührung gekommen. In Verbier, einem Ort in den Schweizer Alpen, hatte ich die Bekanntschaft von Marc Grenouilleau gemacht. Marc war Franzose und leitete in Verbier Tenniscamps. Wir unterhielten uns über meine Aktivität als Basketballspieler und kurz darauf befand ich mich mit meinem Basketballrollstuhl, einen Schläger in der Hand, auf dem Tennisplatz und versuchte, die Bälle zurückzuschlagen. Ich sah sofort, dass mir meine Kenntnisse und Geschicklichkeiten vom Basketball von enormem Nutzen waren: von links nach rechts drehen, mich schnell vorwärts und rückwärts bewegen, die Flugrichtung des kleinen gelben Balls voraussehen und natürlich das Gefühl für die Taktik. So habe ich einen ganzen Sommer lang wie ein Dilettant Tennis gespielt.

Als ich aus Kanada zurück war, fing ich wieder mit Tennis an, und zwar mit demselben Feuereifer, den ich auch schon beim Basketball entfaltet hatte und mit den altbewährten Rezepten: Arbeit und Training. Ich hatte Schwächen bei der Vorhand und mein Gleichgewicht auf dem Rollstuhl war wegen der sehr kurzen Stümpfe nicht gerade stabil. Ich kompensierte diese Lücken durch taktische Geschicklichkeit, schnelle Bewegungen und eine starke, präzise Rückhand. Nach zwei Jahren und dank dem Training mit sehr guten, nicht behinderten Partnern hatte ich mir solide Grundlagen angeeignet, so dass ich 1990 die Entscheidung traf, das Basketball endgültig aufzugeben, um anzufangen, Tennisturniere zu spielen. Ich trainierte also drei- bis viermal die Woche mit professionellen Trainern und begann, an nationalen und internationalen Turnieren teilzunehmen. Schließlich wurde ich viermal Schweizer Meister im Einzel, sechsmal im Doppel, machte bei internationalen Turnieren mit und schaffte es zu guter Letzt, fünf Jahre nach meinen Anfängen im Jahr 1993, bis auf den 22. Platz der Weltrangliste vorzurücken.

Als Krönung meiner sportlichen Karriere flog ich drei Jahre später mit der Schweizer Mannschaft in die Vereinigten Staaten zu den Paralympics von Atlanta.

Atlanta

Bei der Eröffnungszeremonie befanden sich 80 000 Zuschauer im Stadion. Wir warteten darauf, in den Leichtathletikring treten zu dürfen, direkt anschließend an die Delegationen aus Schweden und Spanien. Schweden stellte seine patriotischen Athleten vor, die aus vollem Halse wie Wikinger – einige unter ihnen trugen sogar den gehörnten Helm – ihre Siegeslieder anstimmten. Dann kamen die Spanier mit einer imposanten Delegation von Sehbehinderten an die Reihe. Jeder von ihnen stellte sich mit seinem Begleiter auf dem Rasen auf; ich war zwar in meinem Leben schon öfter mit Blinden zusammengetroffen, aber ich hatte noch nie eine so große Zahl versammelt gesehen.

Schließlich waren wir an der Reihe. Vor mir schritt der Fahnenträger, unsere Nationalhymne erklang; von der beeindruckenden Menge der Zuschauer und ihren Zurufen ganz berauscht, stellten wir uns auf dem Rasen in Reih und Glied, zu all den Arm- oder Beinamputierten, den Para- und Tetraplegikern, den motorisch-cerebral Gelähmten, denen, die Kinderlähmung hatten. Dann begann der offizielle Teil, mit Reden von Juan Antonio Samaranch und Christopher «Superman» Reeves im Rollstuhl, und langsam beruhigten sich die Gemüter. All das kam mir sehr langwierig vor und ich freute mich, als endlich die Wettkämpfe begannen.

Diese wurden weit weg vom Stadion und vom olympischen Dorf ausgetragen. Atlanta, das war rein symbolisch. Die Spiele selbst fanden anderthalb Stunden Busfahrt entfernt, in Stoned Mountain, statt.

Und nun waren wir die erste Nacht im olympischen Dorf zu zweit eingepfercht in winzige Zimmer, die für zwei nicht behinderte Sportler vorgesehen waren. Unmöglich, sich darin mit unseren Rollstühlen zu bewegen. Leider zeigte sich dieses Atlanta 96 von einer ziemlich schäbigen Seite. In unseren kleinen Zimmern gab es sogar Ratten und die Enttäuschung unserer Delegation war genauso groß wie meine eigene. Wir reagierten einfach wie Leute aus wohlhabenden Ländern, die daran gewöhnt waren, anlässlich von internationalen Sportanlässen in guten Hotels untergebracht zu sein.

Am übernächsten Tag spielte ich mein erstes Spiel im Sechzehntelfinale gegen die Nummer eins von Südkorea; das Publikum war sehr zahlreich. Dennoch ähnelte unsere Begegnung dermaßen einem gewöhnlichen Match, dass ich meine ganze Vorstellungskraft anstrengen musste, um mir klar zu machen, dass ich an den Olympischen Spielen teilnahm.

In der zweiten Runde sah die Sache schon anders aus: Ich trat gegen den Kalifornier Chip Parmelly an, Vierter auf der Weltrangliste, fast schon ein Mythos im professionellen Bereich. Ich begann das Spiel zu respektvoll. Höflicher Ballwechsel, wir spielten uns oder, besser gesagt, er spielte mir die Bälle zu, er war entspannt und gewann mühelos den ersten Satz mit 6 : 2 und erlaubte es sich noch, nebenbei mit den Zuschauern zu spaßen. Beim Seitenwechsel realisierte ich endlich, dass ich in Atlanta war, dass das nicht alle Tage der Fall war, dass ich keine Angst mehr haben durfte, dass ich nichts zu verlieren hatte: Ich musste meinen Schlägen freien Lauf lassen und durfte mich nicht länger einschüchtern lassen. Wir spielten den zweiten Satz. Chip nahm die Partie weiterhin auf die leichte Schulter, fing aber an, sich zu verkalkulieren, Fehler zu machen. Ich gewann den zweiten Satz mit 6 : 3. Der dritte Satz war der entscheidende: Zuerst führte ich mit 3 : 1, dann mit 4 : 3. Von nun an wollte keiner von uns mehr ein Risiko eingehen, unsere Ballwechsel wurden immer länger und der Unterschied würde sich in der körperlichen Stärke und der Ausdauer zeigen. Chip knabberte an meinem Vorsprung und ich musste schließlich einsehen, warum er der viertbeste Spieler der Welt war: Er holte auf 4 : 4 auf, dann führte er mit 5 : 4. Ich steckte meine ganze Kraft in diesen Kampf, aber Chip gewann den Satz mit 6 : 4. Er war der Sieger. Ich hatte verloren, ich war enttäuscht, das Abenteuer war zu Ende. Wir rollten bis ans Netz, gaben uns die Hand und Chip sagte zu mir:

«Mir ist richtig heiß geworden, ich dachte, dass ich nicht wieder aufholen könnte.»

Seine Glückwünsche trösteten mich nur zur Hälfte, auch wenn ich im Grunde wusste, dass ich gerade einen der besten Wettkämpfe in meiner Karriere ausgetragen hatte. Nach den Einzelspielen kamen die Doppel an die Reihe, wo die Dinge besser liefen. Mein Doppelpartner Martin Erni und ich besiegten Brasilien, mussten uns jedoch am folgenden Tag im Viertelfinale von den Australiern, den zukünftigen Silbermedaillengewinnern, geschlagen geben. Alles war vorbei.

Wir sind zwar ohne Medaille aus Atlanta zurückgekommen, hatten jedoch ein olympisches Diplom für unseren fünften Platz im Doppel bekommen. Ich habe von diesem olympischen Abenteuer einige starke Bilder im Gedächtnis behalten, unter anderem das Bild jenes «zweigeteilten Mannes». Nicht im horizontalen Sinn so wie ich, nein, er war *vertikal* durchgeschnitten. Es handelte sich bei ihm wahrscheinlich um eine genetische Missbildung, durch die er auf der rechten Seite keinen Arm und keine Schulter, keine Hüfte und kein Bein hatte. Er war außerdem zwergwüchsig und bewegte sich auf einer Art kleinem Fahrrad vorwärts. Ich erinnere mich noch genau an das Erste, was mir damals – tief beeindruckt – in den Sinn gekommen war: Wenn man *so* Sport machen kann, dann ist alles, wirklich *alles* möglich. Aber welchen Sport konnte er wohl ausüben?

Später sah ich ihn dann bei den Schwimmwettkämpfen.

Ich erinnere mich auch an die Rollstühle der Athleten aus einigen afrikanischen oder osteuropäischen Ländern. Es waren Geräte, die rund dreißig Kilo wogen, nicht sehr handlich waren, und die es früher bei uns gab und die sicher irgendwann einmal in diese Länder exportiert worden waren.

Ich erinnere mich auch an meine Verwunderung. Niemals hatte ich mir all die Sportarten vorgestellt, die man ausüben kann, wenn man behindert ist, und schon gar nicht all die Behinderungen, die man haben kann. Atlanta hat mir für all das die Augen geöffnet. Ich habe Blinde gesehen, die rannten und Fahrrad fuhren, motorisch Gelähmte, die sich Wettkämpfe in einer Art Kugelspiel lieferten, querschnittsgelähmte Hantelheber, Bein- und Armamputierte, die Fußball und Volleyball spielten, Querschnittsgelähmte, die im Rollstuhl Rugby-Turniere bestritten, und schließlich jenen einarmigen nigerianischen Sprinter, der den Hundertmeterlauf in 10 Sekunden 2 Zehntel lief. Zwei Wochen zuvor war er von den Olympischen Spielen ausgeschlossen worden, weil die Regelung verlangte, dass die Läufer im Startblock ihre *beiden Daumen* hinter der Startlinie platzieren mussten!

Bei den Paralympics, genau wie bei den Olympischen Spielen, bekommt das Publikum die besten Athleten der jeweiligen Disziplin zu sehen. Behinderte Athleten stellen sich auch oft die Frage, ob sie Berufssportler werden könnten, die für ihre Leistungen – mehr oder weniger gut – bezahlt werden, so wie nicht behinderte Sportler. Ich glaube nicht daran. Bei einem Wettkampf mit *normalen* Sportlern sind die Zuschauer von der Beliebtheit der Spieler und ihren vollbrachten Leistungen fasziniert. Bekannte Sportler verkörpern das, was jeder sein möchte: begeistert von seinem Beruf, reich, berühmt und athletisch, noch dazu mit einem *coolen Look*.

Behinderte Sportler erwecken weniger Leidenschaften. Kein nicht behinderter Mensch träumt jemals in seinem Leben davon, eines Tages der beste Rollstuhlbasketballspieler der Welt zu werden. Diese Verbindung zwischen uns, den behinderten Sportlern und der breiten Öffentlichkeit, ist eine heikle Sache. Rollstuhlsportarten werden es immer schwer haben, im Fernsehen ernsthaft vermarktet zu werden und Geld zu produzieren. Für uns hat der Rollstuhl keinerlei negative oder erniedrigende Nebenbedeutung, es handelt sich lediglich um ein Sportgerät. So wie das Fahrrad dem Radrennfahrer dient, so dient der Rollstuhl dem behinderten Tennisspieler. Ende der achtziger Jahre hatte der Behindertensport den Ruf von «ganz nett», nach dem Motto: «Diese armen Behinderten, die sich in ihrem Rollstuhl abmühen, um zu versuchen, einen Ball in einen Korb zu werfen …», aber die Einstellungen ändern sich. Zum Glück.

Heutzutage haben die Menschen eine größere Achtung vor den oft sensationellen Leistungen, die von äußerst gut trainierten, behinderten Sportlern, deren Talent nicht zu verleugnen ist, vollbracht werden. Beim Rollstuhlbasketball zum Beispiel ist die sportliche Darbietung wirklich attraktiv geworden und das Niveau der Ausführung, die Geschicklichkeit, die Schnelligkeit und die Fortbewegung haben eine Qualität erreicht, die vor nur fünf Jahren noch unvorstellbar war. Dennoch erreicht die Begeisterung des Publikums nicht das gleiche Ausmaß wie bei normalen Wettkämpfen.

Die Paralympics und die Wettkämpfe im Behindertensport haben zumindest das Verdienst, der breiten Öffentlichkeit bewusst zu machen, dass es auch nach einem schlimmen Unfall oder einer Krankheit den Weg des psychischen und körperlichen Aufrichtens gibt. Der Sport ist einer dieser Wege.

GMSC, meine Firma

Nach meinem Aufenthalt in Kanada nahm ich ein Stellenangebot von Radio Suisse romande an. Gesucht wurden Journalisten für die Nachrichtenstudios. Ich bestand die Bewerbungstests und begann meine Laufbahn am Mikrofon. Wir mussten uns jeden Tag durch eine riesige Menge von Informationen der Presseagenturen lesen und daraus Reden schreiben, die dann im Radio zu hören waren. Ich hatte nur eine 50%-Stelle angenommen, weil ich mich gleichzeitig weiterhin dem Sport widmen wollte.

Ich gründete eine Firma, wie es sie in der Schweiz noch nicht gab und deren Rolle darin besteht, professionelle Hockeyspieler oder solche, die dies werden wollten, zu betreuen und ihre Karriere zu managen. Ich übernahm es, die Spieler zu vertreten, einen Club für sie ausfindig zu machen, in dem sie spielen konnten, ihre Verträge bei den jeweiligen Mannschaften für das laufende und das kommende Jahr auszuhandeln, kurz, ihre Karriere und auch die Zeit nach einem möglichen Ausstieg zu managen.

Ich wollte mich nicht nur um gestandene, professionelle Spieler kümmern, sondern auch um junge. Ich stellte es mir spannend vor, ihnen die bestmöglichen Bedingungen zu bieten, damit sie ihre Karriere nicht nur vom sportlichen Gesichtspunkt, sondern auch von der finanziellen und menschlichen Seite her meistern würden.

Meine Erfahrung, meine Kenntnis des Milieus, die Dinge, die ich während meines Aufenthaltes in den nordamerikanischen Hockeykreisen gelernt hatte, die Veröffentlichung meines Buches und die Zeitungsartikel, die über mich geschrieben worden waren, haben mir einen Ruf geschaffen, der mir von Nutzen sein sollte. Da ich ebenfalls Rollstuhltennis auf hohem Niveau gespielt habe, kenne ich die Pflichten und Unwägbarkeiten im Leben eines professionellen Sportlers, die Verletzungen, den Druck des Wettkampfes, den Trainingsrhythmus und die Leistungstiefs. GMSC – Gérald Métroz Sports Consulting – fing bescheiden an. Mein erster Kunde war ein Jugendfreund, der in der regionalen Mannschaft spielte. Dann kam ein junger Torhüter aus unserer Gegend hinzu, dessen Eltern Vertrauen in meine Geschäfte hatten. Im Laufe der Zeit begannen mich andere Spieler zu kontaktieren und meine Dienste in Anspruch zu nehmen. Parallel dazu begannen Präsidenten von Vereinen in der Schweiz, in Deutschland und Frankreich auf die Effizienz meiner Arbeit zu setzen. Einen der Schlüsselmomente in der Entwicklung meines Geschäfts hatte ich der Entscheidung meines Freundes, des kanadischen Spielers Jim Koleff, zu verdanken. Jim hatte eine ähnliche Firma gegründet, entschied sich jedoch eines schönen Tages, als Trainer weiterzuarbeiten. Also bot er mir an, die Rechte seiner Firma und alle Spieler, die er unter Vertrag hatte, zu übernehmen.

Seither ist GMSC stets gewachsen und heute vertrete ich kanadische, französische, deutsche, russische, italienische und natürlich schweizerische Sportler. Die meisten unter ihnen spielen in europäischen Mannschaften. Sie schätzen meine Kenntnisse des Marktes und die Leidenschaft, die ich ihrem Sport entgegenbringe. Was mich betrifft, so ist mir bewusst, was ich denjenigen schulde, die mir so viel beigebracht haben. Meinen Freunden aus Montreal, die ich seit 1987 kenne: Pierre Ladouceur, Chefredakteur bei der Zeitung *La Presse*, und Gene Cloutier, Legende in der Montrealer Hockeyszene.

Mittlerweile gibt es einige europäische Spielervermittler, unter anderen einen Dänen, Bjarne Madsen, der auch behindert ist. Bjarne war Hockeyspieler in einer dänischen Mannschaft, als er eines Tages, mit dem Kopf voran, gegen die Bande geschleudert wurde: Durch eine Genickverletzung wurde Bjarne Tetraplegiker. Bjarne wurde wie ich Spieleragent und bereist seitdem in seinem imposanten elektrischen Rollstuhl die ganze Welt, um sich um seine Schützlinge zu kümmern. Er wird permanent von zwei Frauen begleitet: seiner Ehefrau, die für ihn die Sekretariatsarbeit erledigt, und einer Vertrauensperson, die ihm bei all den Aufgaben hilft, die er wegen seiner Behinderung nicht alleine ausführen kann: Waschen, Ankleiden, Fortbewegen, Essen und Trinken. Bjarne ist ein Koloss von fast zwei Metern. Heute kann er nur noch die Arme, den Kopf, die Augen und Lippen bewegen, er trägt ständig einen kleinen Hörer um den Kopf, durch den er mit seinem Mobiltelefon verbunden ist. Ich bin sehr beeindruckt von der Kraft, die von ihm ausgeht, und bewundere die Energie, die er entfaltet. Als ich ihn zum ersten Mal sah, dachte ich wieder einmal, dass nichts im Leben unmöglich ist, wenn man es nur will und man sich organisiert.

Ich habe es mir wohl überlegt, bevor ich meine Arbeit als Journalist beim Radio aufgab, ob ich mich hauptsächlich meinem Unternehmen widmen will. Ich glaube, ich habe als Radiojournalist aufgehört, weil ich einfach nicht an das glaubte, was ich tat. Am Anfang war mein Ego wahrscheinlich geschmeichelt gewesen; meine Stimme wurde über das ganze Land ausgestrahlt, was wohl zum Teil meinem Wunsch nach Anerkennung entgegenkam. Aber letztendlich habe ich die ganze Zeit nur die Informationen ausgespuckt, mit denen die Presseagenturen uns belieferten, ohne jemals besser über die Ereignisse Bescheid zu wissen als der Hörer, den wir ja informieren sollten. Im Grunde konnte ich das «Radiogequassel» nicht mehr ertragen und fragte mich, ob ich den Zuhörern, die die Worte der Journalisten für bare Münze nahmen, nicht einfach irgendeinen Unsinn erzählte.

Im Reich der unmittelbaren, synthetischen und vorgekauten Information, wo auf jedes Ereignis sofort reagiert wird, verharmloste ich das Schwerwiegende durch die Routine, verwechselte ich echte Traurigkeit mit Gejammer, vermischte ich Ruhm mit Selbstgefälligkeit. Kurz, ich schaffte es, alles platt zu walzen und falsche Emotionen heraufzubeschwören, indem ich alles, mich eingeschlossen, banalisierte. Der Journalistenberuf hat mich damals zwar ernährt, durch ihn ist mir aber jeglicher kritische Verstand erst einmal abhanden gekommen. Später besuchte ich dann einige der Länder, über die ich im Radio berichtet hatte, vor allem Brasilien und Westafrika, und da erst verstand ich wirklich, dass das, was ich über diese Orte erzählt hatte, nichts mit der Wirklichkeit zu tun hatte. Heute bin ich an meinem Ziel angelangt. Mein Vermittlungsbüro für Hockeyspieler hat in der Schweiz, in Europa und Nordamerika einen seriösen Ruf erworben. Die Tatsache, dass ich in der internationalen Hockeyszene einen wichtigen Platz einnehme, hat mir sicher dabei geholfen, meine Frustration darüber zu kompensieren, dass ich nicht selber ein großer Hockeyspieler werden konnte.

Mein Verhältnis zu den Athleten ist gekennzeichnet durch gegenseitiges Vertrauen und Respekt. Ich kümmere mich mittlerweile auch um alles, was über das reine Hockeyspielen hinausgeht: Steuern, Pensionskassen, Wohnungen, Autos, das Übernehmen der Kosten für die Hockeyausrüstung durch den Club, Versicherungsabdeckung der Familienmitglieder, und vieles mehr. Über diese praktischen Aspekte hinaus höre ich meinen Spielern zu, ich rede mit ihnen, ich schaue ihnen beim Spielen zu, ich sehe, wie sie sich im Laufe der Spielsaison entwickeln. Wenn es sich um junge Spieler handelt, entscheiden wir gemeinsam über einen Karriereplan: Wo werden sie spielen? In welcher Liga? Oft werden solche Entscheidungen in Zusammenarbeit mit den Eltern und der Mannschaft getroffen. Ich glaube, was die Spieler an mir schätzen, sind meine Verfügbarkeit und Hilfsbereitschaft und die Tatsache, dass ich sie regelmäßig, egal wo, beim Spielen beobachte, sei es in Europa oder Nordamerika, dass ich sie in ihrer Karriere bei den alltäglichen Dingen unterstütze.

Meine größte berufliche Befriedigung besteht wahrscheinlich darin, mich von Anfang einer Karriere an um einen Hockeyspieler zu kümmern, ihm zu helfen, ein vollendeter Profi zu werden, mit dem dazugehörenden Erfolg und materiellen Wohlstand. Auch wenn ich nicht immer aus tiefster Seele mit den Kriterien für das Wohlbefinden der einzelnen Spieler einverstanden bin, so respektiere ich doch die Wahl der Spieler und arbeite in die Richtung, die sie mir angeben. Ich versuche, mit ihnen darüber zu reden und sie so zu unterstützen, dass sie sich persönlich und moralisch weiterentwickeln können.

Ich bin immer fasziniert, wenn ich einzelne Aspekte in der Beziehung zwischen einem jungen Spieler und seinen Eltern betrachte. Wie oft habe ich Eltern gesehen, die die Karriere ihrer Kinder auf ihre eigene Kappe nehmen. Das Hockey wird zu ihrer eigenen Angelegenheit. Noch bevor ihr Sohn damit anfängt, träumen sie schon von Ruhm, Geld und Erfolg, und ihr Kind wird zum Gegenstand ihrer eigenen Fantasie.

Der junge Spieler wird durch die moralische Unterstützung, die er von seinen Eltern erhält, stark beeinflusst. Sie können ihn entweder ohne übertriebene Freundlichkeit bestärken oder aber ihm tausend Vorwände liefern, um seine Schwächen oder Unzulänglichkeiten zu entschuldigen. Aus Gründen, die offensichtlich sind, war ich selbst als Kind eher überbehütet und musste mich deshalb immer wieder gegen die Befürchtungen und Ermahnungen meiner Mutter durchsetzen.

Beim Sport nehme ich die Misserfolge meiner Spieler ernst, ohne sie zu dramatisieren. Man kann jedoch aus ihnen lernen. Wenn man eine Niederlage äußeren Gründen zuschreibt wie den Trainern, den Schiedsrichtern, einer schlechten Mannschaft, mangelndem Glück oder seinen Mitspielern, hindert man sich selbst daran, die für jegliches Weiterkommen notwendigen Lehren daraus zu ziehen.

Wenn ich mich dazu entschließe, die sportliche Laufbahn eines jungen Hockeyspielers in die Hand zu nehmen, schaue ich natürlich auf sein Talent, aber ich achte vor allem auf seinen Charakter, seine moralischen und geistigen Anlagen, die aus dem jungen Athleten den großen Sportler von morgen machen können. Am faszinierendsten ist es, folgende Eigenschaften bei ihm zu entdecken: Mut, Wille, Intelligenz, die Fähigkeit, eine Gelegenheit zu erkennen und zu nutzen, die Art und Weise, mit Frustration umzugehen, seine Haltung im Falle eines Misserfolges oder einer Niederlage, seinen Sinn für Gemeinschaft, seine Einstellung sich selbst gegenüber, seine Menschlichkeit den Mannschaftskameraden gegenüber, seine Art, die Hand zu drücken, in die Augen zu schauen und seinen Humor.

Das sind einige der wertvollsten Kriterien, um zu bestimmen, welche Chancen ein junger talentierter Spieler hat, eine professionelle Karriere anzutreten. Im Grunde besteht meine Leidenschaft darin zu beobachten, wie sich ein Mensch verhält, der etwas vollbringt und so hoch wie möglich hinauswill.

Außerdem wird mir immer klarer, dass man Wettkampfsport und Profisport relativieren muss, dass man den Sport einfach als Zerstreuung und Ablenkung sehen sollte. Gemessen an unserem ganzen Planeten, am Glück und Unglück der Menschen, die uns nahe stehen, ist das Eishockey nicht etwas Fundamentales, sondern vielmehr eine Art Theaterstück, in dem wir einige Monate im Jahr mehr oder weniger einflussreiche Rollen spielen, mehr nicht. Deshalb ist es wichtig, sportliche Ereignisse, welcher Art auch immer, in einen vernünftigen Rahmen zu setzen. So wie ein großer amerikanischer Sportler in den sechziger Jahren einmal sagte: «Ob wir das Spiel am nächsten Sonntag gewinnen oder verlieren, es gibt mindestens eine Milliarde Chinesen, die damit nichts am Hut haben!»

Christophe

Ich habe Christophe in seiner Jugend, als er Hockey spielte, kennen gelernt. Er ist ein echter Intellektueller und dazu empfindlich wie eine Mimose. Wir haben uns gemeinsam in ein Abenteuer gestürzt, das mehrere Jahre anhielt: die Herausgabe einer Sportzeitung, die sich ausschließlich mit Hockey befasste. Anschließend half Christophe mir bei der Gründung meiner Firma.

Toulouse
August 1999

Salut mein Freund,
letzte Woche standen unsere Schreibtische noch vier Meter auseinander. Heute liegen zweihunderttausendmal so viele Meter zwischen uns. Trennung ist gleichbedeutend mit Bilanz. Dieser Vergleich ist zwar armselig, einverstanden, aber notwendig, denn schließlich haben wir längere Zeit in dieser kurzen Entfernung voneinander verbracht. Und auf einmal wurde es mir zu viel. Du weißt, was es bedeutet, das Verlangen zu verspüren, wo-

anders hinzugehen. Man meint immer, eine Sache sei fürs Leben, aber dann: Wie begonnen, so zerronnen …, zumindest das Hockey.

Immerhin, dreißig Monate, das ist gar nicht schlecht für zwei Persönlichkeiten wie die unseren. Jedes Mal wenn du dich in allzu luftigen Höhen verloren hast, legte ich mich tüchtig ins Zeug, damit wir den Kurs beibehielten. Wenn wir nicht genug Arbeit hatten, hast du aus dem Nichts ein paar Kunden angeschleppt, die kurz darauf wieder dorthin verschwanden. Meinem Sinn für das Detail und meiner Unnachgiebigkeit brachtest du deine Kontaktfreudigkeit, Flexibilität und die großartige Fähigkeit, praktisch überall einschlafen zu können, entgegen!

Ach, was für ein feines Gespann! Zwei, so gut wie zehn.

Das war gestern und es scheint mir eine Ewigkeit her. Du weißt, was Veränderung bedeutet. Es gibt nichts Schrecklicheres, aber auch nichts Zuträglicheres. Sich der Gefahr auszusetzen heißt, wirklich zu existieren. Man hat immer die Tendenz, an sicheren Orientierungspunkten festzuhalten, aber erinnere dich daran, deine größten Schritte hast du bei deinen Trennungen gemacht. Deine Entscheidung, nach Kanada zu gehen, war sicher die mutigste in deinem Leben.

Du hast mir mehrmals gesagt, dass du noch nicht wüsstest, welches deine nächste Etappe sei. Ich glaube, dass du es erst dann weißt, wenn du aufgebrochen bist. Da ich mich dir in den letzten Monaten sehr nah gefühlt habe, weiß ich, dass deine Zeit gekommen ist. Mach dich auf den Weg!

Dein Freund

Christophe Spadone

Eine Reise zu den Kapverden

Durch meinen Beruf muss ich viel reisen, im Auto oder per Flugzeug. Wenn ich in Europa unterwegs bin, nehme ich eher das Auto und lege ungefähr sechzig- bis siebzigtausend Kilometer im Jahr zurück. Ich habe ausgerechnet, dass ich auf diese Weise bei einer Durchschnittsgeschwindigkeit von siebzig Stundenkilometern ganze anderthalb Monate am Steuer meines Wagens verbringe. In den letzten Monaten bin ich jedoch in die Vereinigten Staaten und nach Kanada geflogen. Vorher war ich in Australien, Brasilien, Schweden, Finnland, Polen und Norwegen.

In meinem Fall ist Reisen gleichbedeutend mit Organisieren. Ich muss immer das Unvorhersehbare vorhersehen. Ich habe mittlerweile verschiedene Strategien entwickelt. Um zum Beispiel eine Reise im Flugzeug anzutreten, verlasse ich das Haus in meinem Rollstuhl und steige wieder herunter, um mich hinter das Steuer meines Wagens zu setzen. Von dort aus baue ich meinen Stuhl auseinander, trenne die beiden Räder von der Leichtmetallstruktur und lege alles auf die Rückbank.

Dann geht's los in Richtung Flughafen, ins unterirdische Parkhaus, dort muss der Rollstuhl wieder zusammengebaut werden, noch ein paar Verrenkungen und ich kann meine Reisetasche an die Seitenverstrebungen hängen.

In meinem Gepäck befindet sich nur das Minimum. Ich trage praktisch nie ein Jackett und nehme auch meine Prothesen nicht mehr mit auf Reisen.

Ich begebe mich zum Schalter, um mein Gepäck beziehungsweise meine Tasche – denn meistens habe ich nur ein Gepäckstück dabei – einchecken zu lassen. Normalerweise fliege ich Economy Class, aber es kommt nicht selten vor, dass mir beim Check-in angeboten wird, erste Klasse zu fliegen, damit ich während des Fluges bequemer sitzen kann.

An der Türe zum Flugzeug wird mein Rollstuhl von einem Gepäckarbeiter entgegengenommen und im Laderaum verstaut. Von dort bis zum reservierten Sitz «laufe» ich auf meinen Händen. Meistens sind die Passagiere überrascht, jemanden zu sehen, der sich in den Gängen auf Händen fortbewegt; einmal mehr bin ich neugierigen oder peinlich berührten, aber selten unangenehmen Blicken ausgesetzt. Das Alltägliche halt. Die Flight Attendants tragen meine Tasche und wenn der Sitz neben meinem frei ist, kommt es manchmal vor, dass sie ihn mir auch zur Verfügung stellen. In diesem Fall ist es perfekt: Dank meiner geringen Körpergröße kann ich mich leicht auf zwei Sitzen hinlegen. Im Allgemeinen ist das Bordpersonal sehr kooperativ, die Fluggesellschaften bieten behinderten Reisenden meistens einen vorbildlichen Service.

Nach der Landung wird mir mein Rollstuhl wieder bis zur Flugzeugtüre gebracht und ich kann problemlos die Zollkontrolle passieren. Ich bin noch nie durchsucht worden. Ich denke, dass es einem Zollbeamten peinlich ist, jemanden, der im Rollstuhl sitzt, abzutasten.

Je nachdem, wo ich ankomme, werde ich entweder

abgeholt oder nicht; wenn ich in einer Stadt lande, in der ich Freunde habe, erwartet mich jemand. Wenn ich alleine reise und niemand mich abholen kommt, nehme ich mir, wenn möglich, einen Mietwagen. In Amerika kann man Wagen mit manueller Gas- und Bremsbedienung mieten. Oder ich steige in ein Taxi. Die Taxifahrer sind immer ein wenig beunruhigt, wenn sie mich ankommen sehen, denn sie fragen sich jedes Mal, wo sie den Rollstuhl unterbringen können. Also schwinge ich mich auf die Rückbank des Taxis und nehme von da aus im Handumdrehen meinen Rollstuhl auseinander. Ich schraube die beiden ultraleichten Räder ab, schiebe sie zwischen die Rückenlehnen der Vordersitze und die hintere Sitzbank und falte den Sitz einmal, so dass er die Größe eines kleinen Koffers annimmt und leicht im Kofferraum verstaut werden kann. All das dauert normalerweise keine Minute und der Chauffeur hat gerade mal Zeit, seinen offenen Mund in ein erleichtertes Lächeln zu bewegen.

Die einzigen Momente des Unbehagens verspüre ich dann, wenn ich merke, dass der Taxifahrer unehrlich ist und mich kreuz und quer durch die Gegend fährt. Da ich ihn aber brauche, um meinen Rollstuhl, der normalerweise in seinem Kofferraum verstaut ist, wieder herauszuholen, fühle ich mich schrecklich abhängig und überlege es mir lieber zweimal, bevor ich anfange, mich zu streiten oder über den Fahrpreis zu verhandeln.

Abgesehen von ein paar harmlosen Geschehnissen bin ich auf Reisen noch nie in größere Schwierigkeiten geraten.

Ich war achtzehn Jahre alt, als ich meine erste große Reise nach Amerika unternahm, um meine Cousins in

Denver zu besuchen. Bei der Zwischenlandung in New York, auf dem Flughafen John F. Kennedy, wurde ich von dem Beamten, der behinderten Passagieren im Rollstuhl behilflich sein sollte, in einer Ecke stehen gelassen, nachdem er mir versprochen hatte, in zehn Minuten wiederzukommen. Anderthalb Stunden später war immer noch niemand da! Mir brach der kalte Schweiß aus und schließlich schnappte ich mir einen Typen in Uniform, ich glaube, es war ein Zollbeamter, erklärte ihm meine missliche Lage und zeigte ihm mein Ticket, damit er mich zum richtigen Gate bringen konnte, was er freundlicherweise auch tat. Dieser kleine Zwischenfall hatte immerhin auch eine positive Auswirkung: Von da an war ich überzeugt, dass ich jederzeit und überall auch immer eine beherzte Person finden würde, die bereit wäre, mir in einer Notsituation zu helfen.

Paradoxerweise glaube ich auch, dass Straßenräuber davor zurückschrecken, behinderte Menschen anzugreifen. Ich war in den gefährlichsten Vierteln der Welt, ohne jemals ein Problem gehabt zu haben. Einmal nur, in Manchester, sind mir meine Kreditkarten gestohlen worden. Es muss ungefähr zehn Uhr abends gewesen sein. Um diese Zeit ist in Manchester, sogar mitten in der Innenstadt, kein Mensch mehr auf der Straße. Da war nur dieses angetrunkene Mädchen, das mich ansprach, sich vor mich hinhockte und mich um eine Auskunft bat. Während wir miteinander sprachen, wühlte sie in der Tasche, die vorne an meinem Rollstuhl hing und entwendete meine Kreditkarten. Ich habe nichts davon mitbekommen. Das war ein Einzelfall. Jetzt schaue ich immer zweimal hin, wenn Leute sich vor meinen Rollstuhl hocken…

Bou disastro?

Bernard Goldblat sitzt, so wie ich, im Rollstuhl. Seit seinem achtzehnten Lebensjahr ist er querschnittsgelähmt, nachdem seine Wirbelsäule von einem Virus befallen wurde. Im Schweizer Tennisnationalteam war er mein Partner. Er ist ein Philosoph und Humanist.

Seine Eltern sind extrem kultivierte Leute von großer Bescheidenheit. Sein Vater, Jozef, war Direktor des Friedenszentrums der Vereinten Nationen in Stockholm und hält heute in der ganzen Welt Vorträge. Seine Mutter, Claire, ist Dolmetscherin bei zahlreichen internationalen Organisationen.

Bei den Paralympics 1992 in Barcelona, an denen Bernard teilnahm, lernte er Athleten und Sportfunktionäre aus Afrika kennen und freundete sich mit ihnen an. Durch sie erfuhr er, dass es in Afrika wenig Fortbewegungsmittel für Behinderte gibt, abgesehen von den Rollstühlen aus den fünfziger und sechziger Jahren, die in Europa und den Vereinigten Staaten nicht mehr gebraucht werden. Aber in Afrika gibt es nur wenige Behinderte, die das Glück haben, einen solch alten Rollstuhl zu besitzen. Zahlreich sind die, die sich auf den

Händen über die Straße schleppen oder sich auf kleinen Brettern fortbewegen, unter die zum Beispiel die Räder eines Einkaufswagens aus dem Supermarkt geschraubt worden sind.

Zurück in der Schweiz, gründete Bernard ein Selbsthilfeprojekt, um gebrauchte Rollstühle, die noch in gutem Zustand waren, aufzutreiben und nach Westafrika zu schaffen. So hat er in den letzten vier Jahren, im Laufe von mehreren aufeinander folgenden Expeditionen, Hunderte von Rollstühlen nach Mauretanien, Burkina Faso, Benin oder in den Senegal verschickt.

Für viele behinderte Sportler Westafrikas, die von Bernards Großzügigkeit profitiert haben, gilt er als der Messias. Sein Ruf dort ist sehr beeindruckend.

Bernard hat einen sehr einfachen Lebensstil und verschmäht die Vorstellung, von irgendjemandem abhängig zu sein.

Letztes Jahr stellte er acht Monate lang Empanadas her – das sind diese kleinen, mit Fleisch gefüllten Blätterteigtaschen. Er arbeitete bei sich zu Hause in Genf, von fünf Uhr in der Früh bis mittags. Dann machte er die Runde in den Bistros, um dort seine Spezialität zum Aperitif anzubieten. Er leistete harte Arbeit und brachte so innerhalb von acht Monaten zwanzigtausend Franken zusammen. Mit diesem Geld fuhr er nach Afrika, auf die Kapverdischen Inseln, um sein Projekt, das er unter dem Namen Cabo-Ciné ins Leben gerufen hatte, in die Wirklichkeit umzusetzen. Er wollte die Dritte Welt auf die Situation der Behinderten aufmerksam machen, und die beste Art, dies zu tun, war Filme vorzuführen. Bernard lieh sich von Handicap International Filme aus und machte sich mit dem ganzen Material auf den Weg. Er zeigte die Filme gratis und arbeitete auf freiwilliger Basis.

Auf den Kapverden bin ich zu ihm und seiner Freundin Daphné gestoßen und mit ihnen auf Tournee gegangen.

Wir fuhren von einer Stadt zur anderen, von Insel zu Insel, um unsere Filme über Sport im Rollstuhl, Tennis für Behinderte, aber auch über Aidsprävention vorzuführen. Um möglichst viele Leute anzulocken, ergänzte Bernard die Vorstellungen mit Zeichentrickfilmen und Filmen über Charlie Chaplin und Bob Marley. Wenn wir in einer Stadt ankamen, installierten wir unser Material und sobald es dunkel wurde, begannen wir mit der Vorstellung, die bis ein oder zwei Uhr morgens dauerte. Meistens diente eine helle Hausfassade als Leinwand. Die Menschen kamen in Scharen und ihre Begeisterung war großartig. Auf den Kapverden besitzt kaum jemand einen Fernsehapparat und auch wenn die Leute Bob Marley alle schon einmal singen gehört hatten, so hatten sie ihn noch nie gesehen. Auf diese Weise durchstreiften wir die größten des insgesamt fünfzehn Inseln umfassenden Archipels, unter ihnen Sao Nicolau, Sao Vicente, Santiago und Fago.

Zwei Typen im Rollstuhl in den Straßen von Praia, auf der kapverdischen Insel Santiago, das ist ein eher außergewöhnliches Bild. Erstens, weil die Straßen mit großen Steinen gepflastert sind und wir ständig, um vorwärts zu kommen, unter den erstaunten Blicken der Bewohner auf den Hinterrädern balancieren mussten; und zweitens, weil Behinderte auf den Kapverden, ebenso wie in vielen anderen armen Ländern, versteckt in ihren Häusern leben oder auf den Trottoirs liegen und betteln. Die Leute kamen auf uns zu, um mit uns zu sprechen, um uns zu berühren, um unsere Präsenz von nahem zu spüren. Einige sagten zu uns:

«Ich habe auch einen behinderten Cousin; mein Bruder hat auch einen Unfall gehabt.»

Manche kamen sogar, um unseren Rollstuhl zu schieben, ohne uns Fragen zu stellen. Bernard hatte Mühe mit dieser Verhaltensweise, denn oft handelte es sich um Betrunkene, die ihren Kumpels zeigen wollten, wie sie den Rollstuhl der «armen Behinderten» schoben.

Auf den Kapverden passierte uns etwas, worüber ich sehr lachen musste. Eines Tages war ich mit Bernard auf der Straße und ein paar Leute kamen auf uns zu. Wie jedes Mal richteten sie sich zuerst an mich: Die Abwesenheit meiner Beine wirkte irgendwie irritierend und besonders anziehend auf sie. Die Leute bildeten einen Kreis um uns herum und einer von ihnen fragte mich auf Portugiesisch-Kreolisch:

«*Bou disastro*?» (Hatten Sie einen Unfall?)

Ich antwortete auf Portugiesisch:

«Ja, einen Zugunfall.»

Dann drehten sie sich zu Bernard um und fragten ihn:

«*Bou, ka disastro*?» (Und Sie, hatten Sie keinen Unfall?)

Bernard erklärte:

«*Doencia*.» (Nein, bei mir ist es eine Krankheit…)

Woraufhin alle in schallendes Gelächter ausbrachen. Einen Moment lang waren wir wie vor den Kopf gestoßen, aber dann stimmten wir in ihr Gelächter ein. Dieser surreale Wortwechsel ist ein Scherz zwischen Bernard und mir geblieben. Wenn ich ihn heute anrufe, beginne ich oft das Gespräch mit den Worten *Bou disastro?* und schon lachen wir los.

Die Reaktionen der Leute auf meine Behinderung sind von Land zu Land verschieden. Auf den Kapverden hat mich die Tatsache beeindruckt, dass Menschen, die ich überhaupt nicht kannte, einfach so auf der Straße, ohne ein Wort zu sagen, meine Stümpfe anfassten. Eines Tages wurde ich sogar von einer Frau vor einem Laden angesprochen, die direkt zur Sache kam:

«*Piche esta bom?*»

Piche, das bedeutet Geschlechtsteil! Mit anderen Worten fragte sie mich, ob ich trotz amputierter Beine noch Geschlechtsverkehr haben konnte. Ich habe ihr bejahend geantwortet, ein bisschen verlegen, aber auch überrascht über die Direktheit.

Auf den Kapverden wohnten wir einige Tage bei einem Freund von Bernard, Pascal aus Grenoble. Ein sympathischer Typ, der dort unten einen kleinen Siebdruckhandel aufzuziehen versuchte. Pascals Haus besaß kein Dach und die Zimmer waren unter freiem Himmel. Eines Tages setzte ein Gewitter innerhalb von zwei Minuten die ganze Wohnung unter Wasser. Ein Teil dieses Regenwassers wurde in einer Tonne gesammelt und mit Chlor gereinigt. Da wir am Tag nur eine halbe Stunde fließendes Wasser hatten, füllten wir dieses leicht parfümierte Wasser in eine Schüssel, um uns mit Seife waschen zu können. Das erste Mal war es uns peinlich, dann wurde es jedoch schnell normal, wir fanden uns mit der Situation ab.

Wenn Bernard und ich durch die Städte und Dörfer der Kapverden bummelten, brauchten wir nur zwei Minuten stehen zu bleiben und schon bildete sich eine Menschenansammlung. Die Leute standen um uns herum und schauten uns an. Ihre Blicke waren neugierig und auch verängstigt angesichts meiner Behinderung, mit der jemand normalerweise im Haus versteckt worden wäre. Schüchtern traten sie näher, so wie man sich einem wilden Tier nähert. Sogar in Westafrika, während meines Aufenthaltes in Dakar, war mir so etwas nie passiert.

Im Gegensatz zu den Kapverden sieht man in Dakar zahlreiche Behinderte auf den Straßen. Meistens betteln sie. Oft wurde ich sogar von senegalesischen Behinderten im Rollstuhl um ein Almosen gebeten. Trotz meines Schicksals als Behinderter – eigentlich dem ihren gleich – konnte ich jedoch ermessen, wie viel Glück ich als Schweizer hatte, in einem reichen Land geboren zu sein, und mir wurde bewusst, in welch privilegierter Situation ich mich befand.

Ich erinnere mich auch an die Bilder der vielen, vielen Behinderten, die ich an den Stränden der Copacabana und von Ipanema in Rio kennen gelernt habe, während sie, so gut es eben ging, Fußball und Beach-Volleyball spielten. Ein großer Teil von ihnen litt an den Folgen der Kinderlähmung und die meisten dieser Jugendlichen, mit denen ich gesprochen habe, besaßen noch nicht einmal ein Zuhause oder Eltern und verfügten über keinerlei Fortbewegungsmittel. Ihre Hauptsorge war es, zu überleben, und sie fielen aus allen Wolken, als ich ihnen zusammen mit meinem Freund Marcio Morais, dem Trainer des brasilianischen Rollstuhltennisteams, erzählte, dass man in einem Rollstuhl Sport treiben kann.

Auf der kapverdischen Insel Santiago besuchten wir eines Tages einen Mann, der eine gewisse Bekanntheit genoss. Er war Töpfer und ehemaliger Seiltänzer, in seinem Ort ein großer Star, der populärste Mann von Mindelo. Sein Name war Tito. Seit einem Motorradunfall war Tito an den Rollstuhl gefesselt und gehörte zu den wenigen, die wir auf den Kapverden im Rollstuhl gesehen haben. Er hat uns bei sich untergebracht. Vor seinem Unfall war er «Humorist». Sein Beruf war, lustige Geschichten zu erzählen! Er sagte uns etwas, das Bernard und ich immer wieder auf unseren Reisen hörten:

«Hier gibt es nichts für Behinderte. Sie bleiben zu Hause und tun nichts, niemand geht mit ihnen raus. Der Grund dafür ist, dass es keine Rollstühle gibt, die man ihnen zur Verfügung stellen kann.»

Tito brachte uns zum Träumen mit seinen Anekdoten über die Geschichte der Kapverden, über seine unzerbrechliche Freundschaft mit der Sängerin Cesaria Evora, über seinen Erfolg bei Frauen. Er rührte uns auch durch die Traurigkeit in seinem Blick, als er von seinem Unfall erzählte. Er gab zu, seitdem nicht mehr derselbe zu sein, so als ob sein Leben nicht mehr so spannend wäre. Als wir ihm sagten, dass es möglich sei, in einem Rollstuhl Tennis zu spielen, schien er uns nicht zu glauben, nickte aber höflich. Er lebte in einem wunderbaren Haus, in dem die Engländer früher ihr Konsulat untergebracht hatten und das heute dem Staat gehört. Tito hatte dort seine Töpferschule und das Atelier eingerichtet. Er beschäftigte ungefähr zwanzig Personen in seinem Betrieb.

Es stimmt: Die Leute trauten ihren Augen nicht, als sie uns Tennis spielen sahen. Sie konnten es auch nicht fassen, als wir ihnen Filme über all die Behindertensportarten zeigten. Behinderte Menschen Basketball oder Tennis spielen zu sehen, schien ihnen aus einer anderen Welt zu kommen, aus einer Realität, die nichts gemeinsam hatte mit ihrem Alltag.

Mehr als alle meine Geschäftsreisen rund um die Welt

hat dieser Aufenthalt auf den Kapverden Türen in meinem Inneren geöffnet und mir den Zugang zu mehr Gelassenheit verschafft. Vorher hatte ich mir oft Fragen gestellt wie zum Beispiel: «Wieso bin ich hier? Was denken die Leute von mir? Wie könnte ich meine Zeit besser nutzen?» Alle möglichen Fragen, die einem in den Sinn kommen, wenn man vergisst, für den gegenwärtigen Moment zu leben. Jetzt weiß ich, dass es auf der Erde Orte gibt, an denen ich mir solche Fragen nicht stelle, weil ich dort physisch und geistig in Frieden lebe.

Ich weiß, dass ich eines Tages in den Süden ziehen werde, denn tief in meinem Inneren ist etwas, das mich dorthin ruft. Die erste Hälfte meines Lebens habe ich im Norden verbracht, ich habe Bücher gelesen von und über Menschen, die dort leben, und heute fühle ich mich mehr vom Süden angezogen. Vielleicht, weil der Norden zu kompliziert ist, weil er für mich Einschränkungen wie zum Beispiel den Schnee im Winter bedeutet. Aber der Süden birgt wahrscheinlich andere Unannehmlichkeiten und das Vorwärtskommen auf feinen Sandstränden ist nicht unbedingt einfacher als im Schnee. Meine Sehnsucht nach dem Süden muss wohl woanders liegen...

Vielleicht ist unsere Existenz wie ein Puzzlespiel und wir müssen alles daransetzen, damit sich sämtliche Einzelteile in der richtigen Reihenfolge zusammenfügen lassen. Fehlt auch nur ein einziges Teilchen, ist das Bild nicht perfekt: So als ob man durch eine idyllische Landschaft spazierte, jedoch mit einer Frau, in die man nicht verliebt ist. Alles muss in Harmonie sein. Am richtigen Ort sein, mit der richtigen Person, im richtigen Gemütszustand... Diese Einzelteile gibt es bestimmt. Vielleicht verbringen wir unser ganzes Leben damit, sie zusammenzufügen?

Mein Körper

Heute, als Mann von siebenunddreißig Jahren ohne Beine, habe ich weniger Blut als ein *kompletter* Mann. Eine medizinische Studie in Israel hat gezeigt, dass Menschen, deren untere Gliedmaßen amputiert worden sind, einen höheren Blutdruck haben als «normale» Menschen, bei denen die Blutgefäße der Beine den Druck ausgleichen können. Ohne Beine verschwindet dieser Ausgleich und es besteht die Gefahr von zu hohem Blutdruck. Das ist bei mir der Fall.

Weil ich bis zu meinem fünfundzwanzigsten Lebensjahr zu viel mit Prothesen gelaufen bin, ist meine Wirbelsäule enorm in Mitleidenschaft gezogen worden. Ich habe eine doppelte Skoliose und oft Rückenschmerzen. Und den vielen Rollstuhlsport habe ich auch nicht zwanzig Jahre lang betrieben, ohne heute mit meinem Körper dafür zu bezahlen. Die «Mechanik» beziehungsweise der Körper eines Athleten nutzt sich ab. Neun Jahre Behindertentennis, als Profi, wie besessen praktiziert, haben die Sache nicht viel besser werden lassen; ich habe meine rechte Körperhälfte in übertriebenem Maße beansprucht, insbesondere das Handgelenk.

Die Arme des Menschen sind auch nicht dafür geschaffen, ein ganzes Leben lang die Räder eines Rollstuhls anzutreiben. Die Folge bei mir ist eine ungewöhnliche Abnutzung der Schulter-, Ellbogen- und Handgelenke, ganz zu schweigen von den Muskelverspannungen im oberen Nackenbereich. Ab vierzig werden sich wahrscheinlich Beschwerden wie Rheuma oder Arthrose ankünden. Ich habe sechzigjährige Freunde, die seit zwanzig oder dreißig Jahren im Rollstuhl sitzen und die heute an Arthrose in den Schultern und Armgelenken leiden. Aber es ist besser, jetzt noch nicht zu viel daran zu denken.

Mit den Jahren und dank einer gewissen Gewöhnung habe ich gelernt, Schmerzen besser zu ertragen. Die Toleranzschwelle für Schmerzen ist bei Rollstuhlfahrern besonders hoch und verfälscht oft die Diagnosen. Ich denke jedoch, dass man Leiden zu oft mit etwas Negativem gleichsetzt: Die Menschen wollen nicht leiden oder zeigen, dass sie leiden, weil sie meinen, dass es nicht gerne gesehen wird. In unserer Gesellschaft herrscht diese Kultur der guten Laune, des Lächelns, der Begeisterung um jeden Preis, des verschämten Weinens. Als ob man verhindern wolle, dass das Unglück der anderen unseren behüteten Alltag stört, was zur Folge hat, dass man seine Schmerzen vor den Mitmenschen verbergen will und gegen jegliches Leiden Medikamente nimmt.

Andererseits lehren uns sowohl die östlichen wie die westlichen Philosophien, dass leiden uns dabei hilft, zu lernen, weiterzukommen, uns zu bereichern. Ich bin überzeugt davon, dass leiden das Herz öffnet.

Ich habe nie unter Phantomschmerzen gelitten, das heißt, mir hat nie ein Glied wehgetan, das gar nicht mehr existiert. Phantomschmerzen sind stechende Schmerzen, die regelmäßig und heftig auftreten – anscheinend gibt es kein Heilmittel dagegen – und unter denen viele meiner amputierten Freunde chronisch leiden. Im Gegensatz zu Leuten, die querschnittsgelähmt sind, habe ich auch keine organischen Probleme. Der «Rückenmarksgelähmte», das heißt der Querschnittsgelähmte mit einer Rückenmarksverletzung, hat oft Schwierigkeiten mit dem Magen, dem Darm, der Blase, den Schließmuskeln, den Erektionen. Beim Paraplegiker sind alle Organe, die sich unterhalb des verletzten Wirbels befinden, teilweise gestört oder unkontrollierbar, was das tägliche Leben furchtbar kompliziert macht. Die Betroffenen sind daher auf alle möglichen, zum Teil sehr unangenehmen Lösungen angewiesen. Gott sei Dank bin ich von solchen Problemen nicht betroffen.

Schlussendlich habe ich den gleichen Appetit wie jemand *Ganzer*. Ich ernähre mich normal, esse oft viel, da ich Mahlzeiten liebe und ein Schlemmer bin. Ich schlafe extrem gut und besitze die zweischneidige Gabe, überall und immer einschlafen zu können. Das ermöglicht mir zwar, mich nach Belieben zu entspannen, wird aber zum Problem, wenn ich am Steuer meines Wagens bin.

Fahren und gehen

Ich habe also mehrere Vorteile gegenüber Querschnittsgelähmten. Für den Paraplegiker bedeuten seine zum leblosen und nutzlosen Gewicht gewordenen Beine eine Last. Für mich sind Treppen und Rampen keine Hindernisse und ich kann praktisch jeden Ort erreichen. Wenn eine Türe zu schmal für meinen Rollstuhl ist, kann ich heruntersteigen und auf den Händen weiterlaufen. Ebenso am Fuß einer Treppe: Ich steige von meinem Rollstuhl, klettere Stufe für Stufe nach oben und ziehe den Rollstuhl hinter mir her.

Bei Hindernissen verliere ich einerseits Zeit, andererseits gewinne ich sie aber auch zurück, da ich mit dem Rollstuhl schneller vorwärts komme als jemand, der zu Fuß unterwegs ist. Egal an welchem Ort man mich absetzt, ich bin immer in der Lage, alleine zurechtzukommen. Natürlich stütze ich mich auch auf den technischen Fortschritt und mein Leben wäre viel schwieriger ohne Aufzug, ohne Auto, ohne Fernbedienung, ohne Internet und überhaupt ohne all die möglichen intelligenten Schleichwege.

Bei der Herstellung von Rollstühlen sind in den letzten Jahren enorme Fortschritte erzielt worden. Als ich klein war, ähnelten die Rollstühle den Modellen, die heute noch in der Dritten Welt oder in Ländern des ehemaligen Ostblocks benutzt werden. Bei den Paralympics in Atlanta habe ich viele alte Modelle gesehen. In den industrialisierten Ländern wurde die Technologie bei Rollstühlen im gleichen Maße wie bei den Fahrrädern weiterentwickelt.

Heute fahre ich in einem Küschall, einem Schweizer Fabrikat, das von einer kleinen Basler Firma hergestellt wird, die darauf spezialisiert ist, solch ultramoderne Geräte zu entwickeln. Meiner wiegt nur sieben Kilo, die beiden superleichten Räder sind abnehmbar, die Reifen werden aufgepumpt, wodurch ein weicheres und bequemeres Fahren ermöglicht wird. Die Bremsen sind am Chassis befestigt, was mir zum Beispiel erlaubt, den Stuhl beim Essen zu blockieren. Mein Rollstuhl ist eine Maßanfertigung und kostet zwischen 5000 und 6000 Schweizer Franken. Überall, wo ich mit ihm auftauche, werde ich gefragt, woher ich ihn habe. Ich besitze noch ein älteres, robusteres Modell derselben Marke, mit dem ich praktisch rund um die ganze Welt gereist bin. Eigentlich habe ich drei Rollstühle, wenn ich den mitzähle, den ich zum Tennisspielen benutze.

Beim Rollstuhlfahren ist es wichtig, darauf zu achten, dass man nicht nach hinten kippt. Es ist wie beim Fahrradfahren, man muss es zuerst lernen. Am schlimmsten ist es, wenn man in Schlamm, Schnee oder Sand vorwärts kommen will, überall dort, wo der Rollstuhl stecken bleiben kann. Einer meiner querschnittsgelähmten brasilianischen Freunde, José Carlos Morais, hat eine gute Lösung gefunden, um auf den Stränden seines Landes vorwärts zu kommen, dort, wo seine Landsleute die Hälfte ihres Lebens verbringen. Er hat sich eine Schale aus Plexiglas anfertigen lassen, eine Art Sommerschlitten mit Gurten, auf dem seine Freunde ihn bis ans Wasser ziehen können. So kann er sich uneingeschränkt am Strand «bewegen».

In der Stadt ist es wichtig, einen leichten und wendigen Rollstuhl zu haben, um leicht Stufen und Schwellen überwinden und in Lifte einsteigen zu können. Bei besonders hohen Schwellen gebe ich meinem Stuhl einen kleinen Ruck, wodurch die Vorderräder einen kurzen Moment in der Luft sind. Schwierig wird es allerdings, wenn ich irgendetwas in den Händen halte, da ich keine Oberschenkel habe, auf die ich eine Tasche oder ein Paket legen könnte. Ich muss also irgendwie versuchen, das Objekt vorne am Rollstuhl zu befestigen, oder ich muss mir helfen lassen.

Ein anderes, viel entscheidenderes Problem ist der Gang zur öffentlichen Toilette: Die Türe muss breit genug sein, damit ich im Rollstuhl hindurchpasse. Und das ist leider nicht immer der Fall. Die einzigen Momente, in denen ich mich wirklich behindert fühle, sind dann, wenn mein Rollstuhl nicht durch die Türe passt und ich dadurch keinen Zugang zur Toilette habe. Dann bin ich gezwungen, herunterzusteigen und auf meinen Händen bis zur Klosettschüssel zu laufen, auf dem Boden. Für die meisten Leute ist es das Normalste der Welt, mit Schuhen über den Boden zu gehen. Bei mir sind es jedoch meine Hände und mein Gesäß und ich überlasse es Ihrer Fantasie, sich vorzustellen, wie unangenehm es ist, gezwungen zu sein, in schmutzigen Toiletten auf den Händen zu laufen! Im Übrigen, ob sauber oder schmutzig, die Benutzung einer öffentlichen Toilette kommt immer einer Akrobatiknummer gleich: Um zu urinieren, klettere ich auf den Kloschüsselrand und versuche, auf den Händen die Balance zu halten. Beim Stuhlgang halte ich mich ebenfalls mit den Händen auf der WC-Brille, muss aber aufpassen, dass ich nicht das Gleichgewicht verliere und in die Schüssel falle!

Wenn ich auf Reisen bin, kann ich leicht feststellen, welche Länder an die Behinderten gedacht haben und welche nicht. In Brasilien zum Beispiel, wo der Anteil an Behinderten in der Bevölkerung genauso groß sein muss wie überall anders auf der Welt auch, haben die Architekten in den seltensten Fällen bei ihrer Planung daran gedacht. In Rio bin ich auf nur wenige Toilettenanlagen, Restaurants und Gebäude gestoßen, wo dieses Problem berücksichtigt worden ist. Was die öffentlichen Verkehrsmittel angeht, so gilt dasselbe. In Rio sind diese für Invalide gratis, aber es ist unmöglich, mit einem Rollstuhl in einen Bus einzusteigen. Und das ist nicht bloß in Drittweltländern wie Brasilien der Fall: in Montreal, London oder Paris sind die meisten U-Bahn-Stationen unzugänglich für uns.

Das häusliche Leben

Jede Handlung in meinem Leben wird durch die Tatsache bestimmt, dass ich keine Beine mehr habe. Zu Hause sind alle Gegenstände so platziert, dass ich problemlos danach greifen kann. Alles, was ich täglich brauche, befindet sich in Reichweite, auf dem Boden oder auf einer vernünftigen Höhe. Geschirr, der Inhalt meines Kleiderschranks, die Lebensmittel im Kühlschrank, die Zahnpasta auf dem Waschbecken, die Bücher im Gestell – alles liegt auf Augenhöhe und nicht zu hoch, damit ich gut rankomme, wenn ich im Rollstuhl sitze. Die Bücher, die ich schon gelesen habe, stehen auf den obersten Reihen der Regale, die anderen, die ich noch lesen möchte, auf den unteren. Dann sind da noch die Spiegel: Die meisten Rollstuhlfahrer benutzen abnehmbare Spiegel, die man nach unten kippen kann. Ich habe das Problem so gelöst, indem ich einfach keine Spiegel aufgehängt habe. Ich besitze nur einen ganz kleinen, den ich leicht in einem Reisenecessaire verstauen kann.

Um ein Bad zu nehmen, habe ich eine regelrechte Strategie entwickelt. Ich steige von meinem Rollstuhl auf den Kachelboden, ergreife mit einer Hand den Badewannenrand und schwinge mich, wie ein Hochspringer, der die Latte mit dem Bauch nach unten überspringt, über den Rand und lande mit der anderen Hand auf dem gegenüberliegenden Wannenrand. So kann ich mich abstützen und auf den Boden der Wanne setzen. Schwierig ist die Sache in manchen Hotels, in denen die Dusche so hoch oben befestigt ist, dass sie für mich außer Reichweite ist. Ich bin zwar gerne sauber und gepflegt, gebe jedoch zu, dass ich Wasser nicht besonders mag. Ich habe vor langer Zeit schwimmen gelernt und kann einen einigermaßen anständigen Zug machen, aber meine Angst vor dem Ertrinken ist nach wie vor groß. Ich wage mich kaum in ein Schwimmbad und gehe niemals ins Meer. Die Gründe dafür sind einfach: Ich kann den Boden nicht berühren, mein Körper hat immer die Tendenz, vorne unterzutauchen, weil mir die Beine als Gegengewicht fehlen, und ich bleibe nur schwer an der Oberfläche. Ich muss also kontinuierlich Bewegungen machen, um nicht unterzugehen. Diese Übung lässt mir keinen Moment Ruhe und bereitet mir nicht das geringste Vergnügen.

Wenn auch das Baden kein größeres Problem darstellt, so gibt es doch Arbeiten im Haushalt, die ich nicht verrichten kann, wie zum Beispiel den Wäschekorb tragen oder Fenster putzen. Ich muss diese Aufgaben also an jemand anderen delegieren.

Die anderen

Eines Tages sagte ein alter Herr im Treppenhaus meines Wohngebäudes zu mir:

«Sie machen mir Angst!»

Er sagte das in einem Ton, der bedeutete: «Sie haben nicht das Recht dazu, sich so in der Öffentlichkeit zu zeigen, Sie sind erschreckend!»

Was ich seinen Worten auch noch entnahm, war: «Wenn ich Sie wäre, würde ich mich umbringen!» Ich entgegnete ihm, dass ich mich auch erschießen würde, wenn ich mich dabei ertappen würde, so einen Mist zu erzählen!

Angst. Die Leute sehen sich sofort selber im Rollstuhl sitzen.

Frauen projizieren viel weniger als Männer. In vielen Frauen schlummert eine Krankenschwester. Es ist erstaunlich, wie viele Paraplegiker ich kenne – oder von wie vielen ich gehört habe –, die eine Krankenschwester geheiratet haben, die sie in der Klinik gepflegt hat.

Kinder sind wiederum ganz anderes als Erwachsene in ihrem Verhalten meiner Behinderung gegenüber. Keine Beine zu haben, das erstaunt sie natürlich, aber wenn ich auf dem Boden sitze und mich auf ihrer Höhe befinde, stellen sie keine Fragen. Sobald sie jedoch größer sind als ich, beginnen sie, sich zu wundern.

Kinder haben den Mut, direkt zur Sache zu kommen

und echte Fragen zu stellen: «Warum hast du keine Füße? Wie stellst du es an, um zu gehen? Was für einen Unfall hattest du?» Ihren Eltern ist es oft peinlich und sie kommen, um sich bei mir zu entschuldigen. Aber Kinder wollen alles wissen, das ist normal. Wenn ich ihnen meinen Unfall erklärt habe, sind sie zufrieden und das Thema ist abgeschlossen.

Es gibt auch Menschen, die so tun, als ob nichts wäre. Das ist eine Haltung, bei der ich mich wohl fühle. Ich gebe zu, dass ich stets auf das leiseste Anzeichen lauere, aus dem ich schließen könnte, wie mein Gegenüber auf meine Behinderung reagiert. Schon der Blick sagt viel aus: Es kommt selten vor, dass die Augen meines Gesprächspartners nicht von der Abwesenheit meiner Beine, von meinen Stümpfen angezogen werden. Ich weiß, dass er früher oder später nicht anders kann, als seinen Blick auf die untere Partie meines Körpers zu lenken. Das ist bei neun von zehn Malen der Fall, aber es stört mich nicht. Das menschliche Auge ist vom Unbekannten, vom Originellen angezogen. Und ich kann gut nachvollziehen, dass ein Mann, der ohne Beine durch die Straßen «spaziert», nicht gerade ein alltägliches Bild ist.

Und weil man mein Anderssein so deutlich sieht, werde ich oft richtiggehend angestarrt. Ich sehe das natürlich ein, aber man zeigt ja auch nicht mit dem Finger auf jemanden, der depressiv oder verhaltensgestört ist. Selbst wenn derjenige anders und seine Gesundheit nicht so stabil ist wie bei seinen Mitmenschen, schockiert Intoleranz viel mehr als sichtbare Gebrechen. Was mich besonders rührt, sind die Behinderungen, durch die die Fähigkeit zum bewussten Wahrnehmen der Dinge verschwindet, die geistigen Behinderungen.

Wenn ich im Rollstuhl sitze, bin ich immer *tiefer* als die anderen Menschen. Oft muss ich mir den Hals verrenken und nach oben schauen, um mich unterhalten oder zuhören zu können. Ich schätze es also sehr, wenn die Leute sich hinhocken, um die Augen auf derselben Höhe zu haben wie ich, wenn sie mit mir sprechen. Mit dem Rollstuhl mitten durch die Menge zu fahren hat auch eine beängstigende Seite: Ich habe immer den Eindruck, dass die Leute mich übersehen und über mich stolpern.

Trotzdem habe ich niemals Minderwertigkeitsgefühle, nur oft das Gefühl, anders zu sein. Ich denke, dass es Menschen gibt, die ganz anders sind als ich und deshalb auch andere Möglichkeiten haben. Es gibt Dinge, die sie besser können als ich, und es gibt solche, die ich besser kann als sie, na und? Was soll das Wetteifern, um zu erfahren, wer von beiden der Bessere ist? Diese Art von Beziehungen möchte ich nicht mehr eingehen. Bei den Weltmeisterschaften um den Titel des Klügsten gibt es keinen Sieger. Im Gegensatz zu dem, was man uns immer partout weismachen will, ist das Leben kein Wettkampf: Es gibt höchstens Leute, die einem als Sprungbrett dienen oder als Wegweiser, um einen dahin zu führen, wo man neue Erfahrungen sammeln kann. Und umgekehrt übernimmt man anderen gegenüber die gleiche Rolle.

Letztendlich ergänzen wir uns alle. Irgendjemand lernt etwas von mir, ich lerne von ihm, von seiner Persönlichkeit, die ich bewundere und respektiere.

Früher wollte ich immer stärker sein als die anderen und ich interessierte mich nur für Menschen, die sich mehr oder weniger für Sport begeisterten. Wenn ich heute etwas unternehme, tue ich es nicht mehr, um zu gewinnen, sondern um es so gut wie möglich zu machen, meinen Fähigkeiten entsprechend. Ob die Leute einen Sport betreiben oder nicht, ist mir egal geworden. Ich versuche, auf ihre Ausstrahlung zu achten und auf das Positive, das von dem Kontakt mit ihnen ausgeht. Wenn ich mit jemandem essen gehe, mit dem ich ein angeregtes Gespräch führen kann, geht es mir gut. Ich höre ihm begeistert zu und nehme seine Worte und die Gefühle, die er in mir weckt, auf, als tränke ich aus einer Quelle.

Was ich mir jedoch nach wie vor zu sehr zu Herzen nehme, sind übles Gerede und Aggressivität. Ich hätte gerne, dass mich alles Negative unberührt lässt. Es gibt immer wieder Personen, in deren Gesellschaft ich mich nicht wohl fühle, auch wenn sie mich amüsieren und mich zum Lachen bringen: Irgendetwas an ihnen, eine versteckte Botschaft, gefällt mir nicht. Sie nehmen mir von meiner Energie und ich fühle mich immer noch schlecht, auch wenn sie schon längst nicht mehr um mich sind.

Einige meiner Freunde entfalten sich im Laufe der Jahre wie Blüten. Was ich mit ihnen erlebe, wird immer reicher und tiefer. Mit anderen hingegen ist alles nur Wiederholung, es gibt keine Veränderung.

In meinen Freundschaften sind alle Facetten der menschlichen Beziehungen vertreten.

Angelo

Nach wie vor bemühe ich mich zu sehr darum, geliebt zu werden. Das geht manchmal so weit, dass ich mich nicht traue, den Leuten ehrlich zu sagen, was ich für sie empfinde, aus Angst, ihre Freundschaft zu verlieren.

Ich liebe es, Freunde zu haben und neue zu gewinnen, Leuten zu begegnen, in ihr Leben einzutreten, sie in meines eintreten zu lassen. Sie bringen mir bei, mich besser kennen zu lernen. Wie für die meisten von uns sind unsere Mitmenschen der Spiegel unserer selbst, und was ich bei ihnen erkenne, berührt mich und existiert in gewisser Form auch bei mir selbst. Bei jedem meiner Freunde gibt es eine Seite, die ich bewundere oder die mir enorm gefällt. Nicht unbedingt eine Gemeinsamkeit, sondern vielmehr eine Eigenschaft, die ich schätze, oder ein Fehler, der mich aufhorchen lässt. Sobald mir irgendetwas an jemandem auffällt, versuche ich, mich ihm anzunähern, um ihn besser kennen zu lernen. Und dieser Schritt ermöglicht es mir gleichzeitig, mich selber besser zu verstehen.

Als ich anfing, Rollstuhlsport zu treiben, kam ich zum ersten Mal in engen Kontakt mit anderen Behinderungen, anderen Menschen, die ähnliche Situationen erlebt hatten wie ich. Viele Körperbehinderte, die ich damals kennen lernte, sind meine Freunde geworden und der Reichtum unseres Austauschs hat mir dabei geholfen, die Bedeutung gewisser Ereignisse zu relativieren. Mit ihnen habe ich zum Beispiel gelernt, wie wenig eine doppelte Amputation bedeutet im Vergleich zu einer totalen Querschnittslähmung oder zu bestimmten Arten von Kinderlähmung.

Aber letztendlich glaube ich natürlich, dass Freundschaft nichts mit der einen oder anderen Behinderung zu tun hat. Sie entsteht unabhängig von körperlichen Mängeln.

Mein Freund Angelo hat mit nichts angefangen und ist schließlich Geschäftsführer einer Firma für Baugerüste geworden. Er ist ein Erfindergeist und hat mehrere Patente angemeldet. Kennen gelernt habe ich ihn durch jemanden, mit dem ich heute keinen Kontakt mehr habe, der aber die gute Idee hatte, uns miteinander bekannt zu machen.

Monthey
November 1999

Lieber Gérald,
als wir uns im Frühling 1987 kennen lernten, spürte ich wieder einmal, dass es im Leben keine Zufälle gibt und dass das Schicksal Vergnügen daran findet, Begegnungen zu arrangieren. Und dass dahinter viel mehr Absicht steckt, als man glaubt. Du kamst mit deinem alten, verbeulten BMW zu mir, nachdem – ich erinnere mich noch

gut daran – unser gemeinsamer Physiotherapeut die Idee hatte, dieses Treffen zu organisieren. Ein Treffen, das mein weiteres Leben stark beeinflussen sollte.

Unsere ersten Gespräche waren sehr angeregt. Durch den Kontakt zu dir spürte ich in mir selbst eine Veränderung.

Als ich sah, wie du dich entwickelst, konnte ich das erforderliche Verständnis und die nötige Energie aufbringen, um meine eigene Behinderung, ein Lungenemphysem, das sich im Laufe der kommenden Jahre noch verschlimmern sollte, besser zu ertragen. Dank dir habe ich gelernt, dass es möglich ist, mit einer Behinderung gut zu leben. Man muss sie nur akzeptieren und ihr ohne Umwege und Furcht die Stirn bieten. Vielleicht handelt es sich bei meiner Behinderung um eine Art «Karma-Schuld». Aber wie dem auch sei, seit zwölf Jahren hat sich mein Leben dank all dieser Menschen, mit denen du mich zusammengebracht hast und die im Laufe der Zeit meine Freunde geworden sind, stark verändert. Diese Menschen haben mir geholfen, den wichtigsten Schritt meines Lebens zu machen, nämlich von der Berufswelt (die während fünfundzwanzig Jahren meine war) in die Welt der intensiven inneren und persönlichen Suche einzutreten. Dafür danke ich dir. So wie ich dir auch dafür danke, mir geholfen zu haben, mein Gebrechen hemmungslos offenzulegen, mir die Demut vermittelt zu haben, mich in einem Rollstuhl schieben zu lassen. An deiner Seite habe ich gelernt zu akzeptieren, von Passanten neugierig gemustert zu werden. Du hattest mich sogar dazu ermuntert, bei der Polizei von Martigny einen Aufkleber für behinderte Fahrer zu beantragen, ein Schritt, der sich als äußerst nützlich erwiesen hat.

Schließlich glaube ich, mein lieber Gérald, dass meine Freundin Marthe verstanden hat, wie tief und solide unsere Beziehung ist. Wenn sie uns zusammen sieht, hat sie den Eindruck, dass wir uns schon immer gekannt haben und dass die Zeit keinen Einfluss auf unsere Freundschaft hat. Sie sagt auch, dass sie die starken Gefühle, die zwischen uns bestehen, spürt, wenn ich von dir spreche. Gefühle, die tief und dauerhaft sind. Und dass du, selbst wenn unsere Ideen auseinander gingen, unter allen Umständen da wärst, in was für einer Situation auch immer, um mir zu helfen, so wie ich es ohne Zögern für dich tun würde.

Was ich bei dir, Gérald, empfinde und was mich berührt, ist deine charmante Art, dich für andere zu interessieren, ihnen zu zeigen, dass sie dir nicht gleichgültig sind, sowie deine konstruktive Neugierde ihnen gegenüber.

Heute danke ich Gott dafür, dass er dich mir geschickt hat.

Dein Freund Angelo

Wie Angelo, so glaube auch ich nicht an den Zufall, wenn zwei Menschen sich begegnen. Auf Reisen ist es mir schon passiert, dass ich nicht mehr als zehn Minuten mit jemandem sprach, von dem ich wusste, dass ich ihn nie wiedersehen würde, und der dann aber zu mir sagte: «Geh bei den Leuten vorbei, sie wohnen in Dakar, in der und der Straße. Bestell ihnen einen schönen Gruß von mir, sie werden dich bestens empfangen. Also, mach's gut, ich muss weiter, mein Schiff fährt ab.»

Und wenn ich dann bei der angegebenen Adresse vorbeigegangen bin, traf ich auf eine außergewöhnliche Frau oder einen bemerkenswerten Mann.

Es ist faszinierend, sich auf einer Reise die Frage zu stellen: «Wen hast du durch wen kennen gelernt, und wer hat dich wohin geschickt?» Ich lasse mich einfach leiten und vertraue auf das Leben. Es gestaltet sich um mich herum und weist mir den Weg. Mehr als ich ihm den Weg weise.

Wenn ich auf Reisen bin, sind die Türen meines Inneren weit geöffnet. Für eine Weile lasse ich mich leiten von dem, was ich meinen *guten Stern* nenne, eine Art subtiles Vertrauen in das Leben. Ich glaube, dass ich einen guten Stern habe: Ich bin mir sicher, dass es irgendwo etwas oder jemanden gibt, der ein bisschen nach mir schaut und der mein Herz schlagen lässt. Daran glaube ich ganz fest; ich gebe diesen Dingen keinen Namen, aber ich versuche, voller Zuversicht zu sein.

«Da hat er mir Beine gemacht!»

Ich habe immer schon gerne lustige Geschichten erzählt. Das ist halt auch eine Art, in Gesellschaft die Aufmerksamkeit auf sich zu lenken, Mittelpunkt eines Abends zu sein. Um einen Witz zu erzählen, darf man keine Angst haben, sich lächerlich zu machen, muss man über sich selbst lachen können. Und um über sich selbst lachen zu können, ist es besser, sich zu akzeptieren. Aber Vorsicht, über sich lachen bedeutet nicht, sich über sich lustig zu machen. Es gibt Leute, die sich über sich selbst lustig machen, einfach weil sie sich nicht mögen.

Ich habe viel über mich selber gelacht. Erstens, um nicht zu heulen, und dann, um den anderen ihre Hemmungen angesichts meiner Behinderung zu nehmen. Ich habe festgestellt, dass mein Humor ihnen gut tat und dass es für sie ein Mittel war, sich mir anzunähern. Deshalb verwende ich gerne Ausdrücke wie: «Da hat er mir Beine gemacht!»; «Ich hab die Beine unter die Arme genommen»; «Jemandem auf den Füßen stehen»; «Die Beine hochlegen»; «Ich bin ihm auf Schritt und Tritt gefolgt»; «Jemandem ein Bein stellen»; «Ich setze nie wieder einen Fuß in Ihr Haus», und so weiter.

Ich mag auch gerne komische Situationen oder lustige Geschichten, die wirklich passiert sind, solche, die oft Anlass für Witze sind, die dann um die ganze Welt gehen. Ich erinnere mich an jenen Tag, an dem eine Dame im Bahnhof von Genf auf mich zukam und mich fragte, wo meine Sparbüchse sei. Ich saß im Rollstuhl und verstand sofort, dass sie die Stelle suchte, an der ich die Sparbüchse befestigt hatte, so wie es Behinderte manchmal tun, um eine milde Gabe zu bekommen. Sie hatte ein Fünf-Franken-Stück in der Hand und mein Gesichtsausdruck muss sie wohl dermaßen abgeschreckt haben, dass sie sich umdrehte und wegging, und ich spürte, dass sie fast verärgert darüber war, mir kein Almosen geben zu können.

Heute mache ich weniger Scherze, vielleicht, weil ich nicht mehr das Bedürfnis verspüre, in Gesellschaft zu glänzen, oder weil ich in einem eher seriösen beruflichen Umfeld arbeite. In der Geschäftswelt können die Leute nicht lachen. Die meisten Businessleute haben Angst davor, einen schlechten Eindruck zu machen, so dass sie kaum über sich selbst lachen können. Man sagt, Ernst sei die Würde der Dummen. Für mich ist ernst gleichbedeutend mit traurig, fantasielos und politisch korrekt.

Ich weine vor Lachen und aus Traurigkeit. Ich weine vor Freude darüber, andere glücklich zu sehen. Manchmal, in Momenten der Verzweiflung, weine ich auch über mich selbst. Wenn ich keinen Ausweg sehe, keine Antwort auf meine Fragen. Dann höre ich auf zu denken und zu suchen, ich lass dann los, gehe raus, gehe mich amüsieren.

Zeigt her eure Füße, zeigt her eure Schuh…

Wenn ich Beine hätte, ein Paar echte Beine, jetzt, von einem auf den anderen Tag, würde ich sofort auf die erstbeste Eisbahn gehen und Schlittschuh laufen. Ich würde versuchen, immer schneller zu gleiten, ich würde von vorne nach hinten, von rechts nach links schwenken, ich würde den berühmten *kanadischen Schritt* ausführen, der einen beim Rückwärtslaufen schneller werden lässt. Ich würde mit der Scheibe spielen, würde zielen, Tore schießen, ganz berauscht vom Spiel, seinen Kontakten, seiner Schnelligkeit, und nicht vergessen, den *Bodycheck* durchzuführen, das heißt, meinen Körper in vollem Schwung zu benutzen, um den Gegner anzustoßen und schachmatt zu setzen!

Da ich in einem Dorf geboren bin, das inmitten einer grandiosen Alpenszenerie liegt, wäre mein zweiter Wunsch, diese Beine auszuprobieren, um auf den Gipfel eines Berges zu steigen.

Soweit ich mich zurückerinnern kann, hatte ich immer wieder denselben Traum: Ich sitze auf dem Fahrrad und trete – mit meinen Prothesen – in die Pedale…

Echte Beine zu haben, würde wahrscheinlich mein Leben durcheinander bringen, mein tiefstes Wesen würde sich jedoch dadurch nicht verändern. Wie ein Schiff, dessen Segel man auswechseln würde, um größere aufzuziehen. Selbst wenn dieses Schiff schneller und weiter führe, so würde es dennoch immer noch auf dem Wasser, auf den Weltmeeren segeln. Selbst wenn ich Beine aus Fleisch und Knochen hätte, wäre ich immer noch dieses menschliche Wesen, das versucht, im Leben den Durchblick zu erlangen.

Im Grunde genommen bin ich mit meinem Schicksal recht zufrieden. Ich fühle mich nicht als Opfer, ich lasse mein Leben nicht einfach geschehen. Das, was mir passiert ist, und das, was jeden Tag mit mir geschieht, ist niemandes Fehler. «*Do I play my life or does life play me?*»: «Spiele ich mein Leben oder spielt das Leben mit mir?»

Mir ist sehr wohl bewusst, dass mein Glück von mir selber abhängt und von dem, was ich täglich dafür tue, um eine glückliche Existenz zu führen. Ich habe ein für alle Mal entschieden, mein Leben gut zu gestalten, meine Möglichkeiten auszuschöpfen und zu lernen, mich, so gut es geht, kennen zu lernen.

Sein oder haben

Neulich erzählte mir jemand, der Sultan von Bahrein, einer der reichsten Männer der Erde, hätte viertausend Zimmer in seinem Palast. Leider kann er sich gleichzeitig immer nur in einem Raum aufhalten. Was nützen ihm also seine viertausend Zimmer? Vielleicht hat er so viele Freunde...

Früher, wenn ich mich nicht wohl fühlte und mir selber ein Geschenk machen wollte, habe ich mir etwas Schönes gekauft. Heute fühle ich mich erleichtert, wenn ich mich von dem einen oder anderen Objekt, das ich besitze, trennen kann. Ich mache gerne Geschenke, ich verschenke Dinge, an denen ich hänge und die ich seit Jahren besitze. Und wenn ich mir selber etwas schenken möchte, schenke ich mir Zeit, ein oder zwei Stunden, oder ich widme meinen Freunden einen Teil von meiner Zeit.

Es gibt jedoch auch Dinge, die ich aufhebe, so zum Beispiel einen Brief von meinem Vater. Er hat ihn im Alter von sieben Jahren aus dem Krankenhaus an meine Großmutter, also an seine Mutter, geschrieben. Darin sagt er ihr, dass er an Krebs sterben wird (mein Vater war als Kind an Krebs erkrankt). Mein Vater hat diesen Brief aufbewahrt und an mich weitergegeben; er bedeutet mir sehr viel. Ich besitze auch ein Armband, das ich immer trage. Ich habe es von meiner Exfreundin Nicole geschenkt bekommen. Es wurde von nordamerikanischen Indianern hergestellt und seine Eingravierung hat großen Symbolwert für mich: *Der Mann, der seinen Mittelpunkt sucht.* Dargestellt ist eine Figur in der Mitte von sich wiederholenden Kreisen. Die Kreise bilden eine Art Labyrinth um die Figur herum. Ich mag dieses Motiv gerne, weil es für mich sehr aussagekräftig ist.

Um den Hals trage ich eine Kette mit einem kleinen Totem aus Silber, das von Mitgliedern des kanadischen Indianerstammes der Montagnais geschmiedet wurde. Die Montagnais sind der größte Stamm von Quebec, angesiedelt an der nördlichen Basse-Côte. Dieses Totem stellt ein klassisches Motiv dar, einen Vogel mit mehreren Gesichtern. Ich entdeckte es in einem Laden in Quebec, der von Andrew Delisle, einem Montagnais-Häuptling, geführt wurde.

Als ich dieses Totem kaufte, stellte ich mir keine Fragen, so als ob es die natürlichste Sache der Welt wäre und ich gar nicht anders könnte. Andrew Delisle sagte mir, es würde mir Glück bringen.

So viel zu den materiellen Dingen, die mir am Herzen liegen.

Wo gehobelt wird, da fallen Späne

Ich habe festgestellt, dass ich mich langsam verändere. Wenn ich früher ein Match verfolgte, achtete ich vor allem auf die Resultate, auf die rein technische, sportliche Seite. Heute frage ich mich nicht mehr, ob die Spieler richtig oder falsch, gut oder schlecht handeln. Ich fange an, mich für ihre emotionale Seite zu interessieren. Ich beobachte, wie sie innerhalb ihrer Mannschaft miteinander kommunizieren, wie einige Spieler in kritischen Momenten die Oberhand über andere gewinnen, wie sie mit Druck fertig werden, was sie motiviert und was ihnen Angst bereitet.

Der im Spitzensport vorherrschende Geist hat sich in den letzten Jahren verändert. Kreativität und Improvisation werden von der physischen Kraft und der Ausdauer eines Spielers verdrängt. Auch das Eishockey bildet bei dieser Regel keine Ausnahme: Kreative Spieler und talentierte Künstler haben es immer schwerer, haben immer größere Mühe, sich auszudrücken. Mein Berufsleben, meine Arbeit als Spielervermittler waren immer, in jeder Hinsicht, eine Bereicherung für mich. Heute kann ich mich des Eindrucks nicht erwehren, dass mir diese

Tätigkeit immer weniger bedeutet. Besonders wenn ich für meine Klienten Werte verteidigen soll, die überhaupt nicht meinen eigenen entsprechen, zum Beispiel hohe Spielerhonorare, als einziges Kriterium für Lebensqualität. Ich spüre zu viel Wettbewerb, zu viel Geld, zu viel Autorität, zu viel Arbeit. Und zu wenig Humor.

Ich komme viel mit wohlhabenden Leuten zusammen. Sie haben nur wenig Zeit und ihr Lebensinhalt ist eng verbunden mit Macht und Geld; bei ihnen herrscht ständig Aufregung und Oberflächlichkeit. Sie sind zwar da, sie sitzen mir gegenüber, sind aber gleichzeitig schon wieder woanders. Sie sind hier, sprechen aber schon mit jemand anderem. Sie sind niemals präsent, niemals hier und jetzt, sie sind ein Trauerspiel. Aber wo gehobelt wird, da fallen Späne; ich kann mich nicht mitten unter ihnen aufhalten, ohne ihrem Einfluss ausgesetzt zu sein. Also mache ich mich auf die Suche nach etwas anderem.

Ich sage mich nicht los von diesem Milieu, das mich nach wie vor begeistert, aber ich stoße an die Grenzen dieses Abenteuers. Mit siebenunddreißig Jahren, das heißt auf halbem Weg angelangt, was meine Lebenserwartung betrifft, spüre ich, dass der Moment gekommen ist, woanders hinzugehen, mich einem Gebiet zuzuwenden, das mir mehr entspricht.

Pause

Seit drei Jahren spiele ich keine Tennisturniere mehr, nachdem ich diesen Sport sieben Jahre lang praktisch professionell betrieben hatte. Eines Tages entschied ich, meine sportliche Karriere zu beenden. Jetzt spiele ich nur noch gelegentlich, zum Vergnügen. Ich habe aus mehreren Gründen aufgehört. Erstens hatte ich den Eindruck, immer wieder dieselben Situationen zu erleben, denselben Personen zu begegnen, an denselben Orten zu sein und dieselben Diskussionen zu führen. Kurz, das Thema von allen Seiten her beleuchtet zu haben. Und dann hat mein Körper mir zu verstehen gegeben, dass er genug von der Sache hatte: wiederholte Sehnenscheidenentzündungen, Muskelzerrungen, Rückenschmerzen, Arthrose in den Schultern. Ich sah ein, dass ich dabei war, zu weit zu gehen, dass der Moment gekommen war, langsamer zu treten. Also beschloss ich im Oktober 1997, diesem ganzen Verschleiß an Energie ein Ende zu setzen und meinem Körper eine Ruhephase zu gönnen.

Das Ende meiner Karriere als Profitennisspieler bedeutete auch das Ende eines Lebensabschnitts. Dank den zahlreichen Meisterschaften und dem großen Einsatz an Disziplin und Energie konnte ich meinen Charakter besser abstecken und vor allem meine Stärken und Schwächen besser kennen lernen. Ich habe gelernt, dass ich in gewissen Situationen Willen beweisen konnte, in anderen wiederum mit Furcht und Angst reagierte. Am Anfang meiner Karriere befürchtete ich oft, schlecht zu spielen oder zu verlieren. Ich fragte mich, was wohl der Ursprung dieser Ängste sein konnte. Eines Tages dann, während der belgischen Meisterschaften im Jahr 1995, kam ich darauf: Ich befürchtete ganz einfach, schlecht zu spielen, und zwar weil ich Angst hatte, dass mein Ruf darunter leiden würde, wenn ich schlecht spielen und meine Freunde mich gegen jemanden verlieren sehen würden.

Also spielte ich tatsächlich schlecht, weil ich dem, was die Leute über mich, über meine Leistungen oder mein Spielniveau denken mochten, zu viel Gewicht beimaß.

Die Ratschläge von engen Freunden haben mich geheilt. Als ich die Mechanismen dieser Ängste verstanden hatte, brachte ich all meine Energie auf, um mein Ego in den Hintergrund zu rücken und der Angst damit dieses lähmende Gewicht zu nehmen. Die Tatsache, dass ich meine Befürchtungen und Ängste besser durchschaute, half mir mit einem Schlag dabei, etwas Grundlegendes zu verstehen. Der Leistungssportler befindet sich im Zentrum einer Widersinnigkeit. Er muss seine Niederlage ständig herunterspielen, um keine Angst vor dem Verlieren zu haben. Er darf dies aber nicht auf übertriebene Art und Weise tun, damit ihm noch genügend Wille und Motivation zum Gewinnen bleiben. Das Wundermittel für den inneren Frieden eines Profispielers besteht darin, das richtige Gleichgewicht zwischen dem Umgang mit Gewinn und Niederlage zu finden.

Musik!

Musik ist etwas, das ich gerne machen möchte!

Es war im Dezember 1997, als ich staunend einem Flamenco-Konzert des spanischen Gitarristen Paco de Lucia beiwohnte. Plötzlich spürte ich mit Gewissheit, dass ich klassische Gitarre lernen wollte, und begann sofort, Unterricht zu nehmen.

Ein Instrument zu lernen ist Geduldsarbeit und trotz stundenlangen Übens weiß ich, dass es Dinge gibt, die man sich erst dann aneignen kann, wenn man innerlich dazu bereit ist. Erst dann gelingt es einem, unabhängig von den Stunden und Stunden, die man übt, seine Finger auf den Saiten in die ideale, seit Wochen gesuchte Position zu bringen. Nicht gegen meine Gitarre kämpfen, *mit* ihr spielen ist mein Ziel. Mein Lehrer, Guy Kummer, bezeichnet mich oft als «Gitarrensportler». Zu Recht, denn selbst beim künstlerischen Spielen eines Musikinstrumentes gerate ich immer noch in Versuchung, einen Sport daraus zu machen, wie ein Marathonläufer zu trainieren und darüber zu vergessen, dass die Musik weder ein Rennen noch ein Wettkampf ist. Bei mir hat immer alles dermaßen mit Wille und Entschlossenheit funktioniert, dass ich zum Opfer dieser beiden Stärken geworden bin. Jetzt beginne ich langsam loszulassen. Man ändert sich, wenn man bereit ist, sich zu ändern: «Wenn der Schüler bereit ist zu lernen, kommt die Lektion, die er braucht, von ganz alleine.»

Die Lektion ist auf mich zugekommen und ich bin zuversichtlich. Manchmal haben wir, die anderen Schüler und ich, öffentliche Auftritte. Dann fühle ich mich, inmitten der Gruppe, mit meinem Instrument, von jeglichem Kampfgeist befreit, so als ob ich nur da wäre, um der Schönheit zu dienen. Wenn ich die Gitarre an meiner Brust spüre, von den Tönen und ihren großartigen Vibrationen ganz durchdrungen bin, geht es mir besser. Und wenn ich abends, bevor ich zu Bett gehe, ein oder zwei Stunden lang spielen kann, schlafe ich besser ein.

Heute habe ich mir freigenommen. Nachdem ich am Morgen ein neues Gitarrenstück eingeübt hatte, eine Etüde von Tarrega, kochte ich mir zum Mittagessen eine Gemüsesuppe. Ich war glücklich, dass die Suppe mir gelang, weil ich das Rezept vorher noch nie ausprobiert hatte. Am Nachmittag ging ich in einen Supermarkt und traf dort auf einen Bekannten aus Gambia, der seit fünf Jahren in dem kleinen Dorf Salvan wohnt. Er arbeitet als Nachtportier in einem Hotel und ist mit einem Mädchen aus der Gegend verheiratet. Wir haben zusammen einen Kaffee getrunken und anderthalb Stunden lang geplaudert. Wir redeten über Westafrika, sprachen von seiner Familie, diskutierten über seine Religion. Ich fühlte mich, als wäre ich mit ihm für ein paar Stunden in Afrika gewesen. Eine Brise herrlicher Exotik. Mein Tag hatte sich gelohnt, gelebt zu werden.

Guy

Ich lernte den Musikpädagogen und Gitarrenlehrer Guy Kummer-Nicolussi im Januar 1998 kennen. Einige Jahre zuvor war er am Guillain-Barré-Syndrom erkrankt. Das ist eine Krankheit, die das Nervensystem lähmt. Zurzeit sitzt Guy in einem elektrischen Rollstuhl und kann seine Finger nicht bewegen. Guy wurde also mein Lehrer. Da er im Moment keine einzige Note spielen kann, erklärt er uns, wie wir unsere Finger zum Spielen positionieren sollen. Guy sagt uns immer: «Wenn man etwas selber herausfindet, behält man es besser.» Entdecken ist besser als Nachmachen.

Unsere Begegnung war alles andere als gewöhnlich; sie hat Guy und mir in jeder Hinsicht neue Horizonte eröffnet. Guy war der erste Lehrer, der mich wie alle seine Schüler behandelte.

Peking
Juli 1999

Lieber Gérald,
seitdem ich in China angekommen bin, kann ich das Ausmaß deines Kampfes besser ermessen und realisiere die Tragweite unserer Freundschaft, die uns nun schon mehr als ein Jahr verbindet.

Ich laufe seit vier Jahren über heiße Kohlen, du bist seit fast vier Jahrzehnten ein Seiltänzer. Ich weiß, dass sich eine Lebenslinie nicht mit einer anderen vergleichen lässt. Aber von dir habe ich gelernt, das Schicksal zu ergreifen und die Begegnungen zu erkennen, die unumgänglich sind.

Mein eigenes Leben war ins Wanken geraten, und plötzlich saß ich einem «Typen im Rollstuhl» gegenüber, um ihm Gitarrenunterricht zu erteilen – war es die Herausforderung, die Neugierde oder einfach ein bisschen Musik als Gegenleistung für deine Freundschaft? Wie dem auch sei, du hast mein Leben enorm bereichert.

Du hast mich gelehrt, den Blick der anderen zu zähmen, die die Bewegungen und das Leben derjenigen im «Club des Unglücks» (dein Ausdruck) erschnüffeln. Ihre Hand zu halten, damit es ihnen weniger wehtut, ebenso intakt wie normal zu sein. Ihnen nicht zu sagen, dass Energie aus der Spaltung der Teilchen entsteht... Kurzum, du hast mir beigebracht, all diese Großzügigkeiten der Seele anzunehmen.

Ich seh dich noch, mit dem Gesicht eines kleinen, pausbäckigen Jungen, als schüchternen Teenager mit Baseball-Kappe bei seinem ersten Unterricht und heute als «Sechs-Saiten-Sportler», manchmal anmaßend und zuwiderhandelnd, heißhungrig auf Partituren, jedoch auch höchst lebendig, philosophisch und zärtlich. Du besitzt die Gabe, in der Haut eines schlauen Managers ein Kind zu bleiben. Auf leuchtende und naive Art erstaunt zu sein, mit dem komplizenhaften Blick eines casanovahaften Globetrotters. Und schließlich dich auf alles und jedes einzulassen, was den Anspruch erhebt zu existieren. All das führt dazu, dass man, jedes Mal wenn man dich sieht, denkt: «Super, da ist ja Gérald!» Ja, vielleicht sogar: «Endlich, da ist ja Gérald!»

Du bist immer zu allen Schandtaten des Lebens bereit, immer gewillt, dich auf ein Gespräch einzulassen. Gleichgültigkeit und Langeweile sind dir fremd. Du bist ständig im Einsatz, um neue Herausforderungen zu finden, und seitdem ich dich kenne, weiß ich, dass man den Kurs ändern kann, egal in welchem Zustand das Schiff ist, egal wie zerrissen die Segel sind.

Ich möchte dir auch noch sagen – meine Rolle als Musiklehrer einmal beiseite genommen –: Musik ist eine Kunst und nicht ein Mittel zur Macht oder zur Verführung. Sie gibt dir nur das zurück, was du ihr ehrlich gegeben hast. Ich habe lange gebraucht, um das zu verstehen. Du kannst Perfektion nicht durch Gewalt und Entschlossenheit erreichen. Du musst lernen innezuhalten, in dich zu gehen, zuzuhören, die Musik des Windes und die Geräusche der Sterne wahrzunehmen. Wenn es mir gelingt, dir auf dieser Pilgerfahrt den Weg zu weisen, habe ich einen Teil der Aufgabe, mit der du mich betraut hast, vollbracht und einen ersten Freundschaftsdienst geleistet.

Guy Kummer-Nicolussi

PS: Die Bescheidenheit einer gut gespielten Tonleiter ist

mehr wert als ein langweiliges, schleppendes Musikstück, das durch steife und törichte Finger zerstört wird. Musik über alles.

Mein Vater und meine Mutter

Mein Vater

Mein Vater war sieben Jahre alt, als eine seiner Wangen hohl wurde. Die Ärzte stellten einen Tumor fest und gaben den kleinen Jungen auf. Im Krankenhaus von Lausanne gelang es den Ärzten schließlich, ihn wieder zu heilen. Ich habe den Brief, den mein Vater seinen Eltern aus dem Krankenhaus schrieb, als er sich verloren glaubte, bei mir zu Hause aufbewahrt. Dieser Brief ist tief bewegend.

Es ist seltsam, dass meinem Vater in seiner Kindheit ein ähnlich schlimmes Ereignis widerfahren ist wie mir. Mein Vater hat mich unermüdlich darin bestärkt, mich in die Gesellschaft zu integrieren und mein Anderssein nicht zu verstecken. Mit Vergnügen schaute er mir dabei zu, wenn ich auf den Händen lief, um meine Kameraden zu verblüffen. Um ihn zu überraschen, erfand ich immer wieder neue Kunststücke. Meine ganze Kindheit hindurch sagte mir mein Vater, dass meine Behinderung mich in keinster Weise vom Gemeinschaftsleben unseres Dorfes oder der Schule ausschließen würde:

«Du bist wie die anderen, du machst mit, es gibt keinen Unterschied.»

Also sagte ich mir, dass ich meinen Spielkameraden ebenbürtig sei.

Gleichzeitig stellte mein Vater aber auch hohe Anforderungen an mich, zumindest in den Bereichen, wo meine Behinderung keinen Einfluss auf meine Leistungen hatte – angefangen bei der Schule, wo ich mich verpflichtet fühlte, immer perfekt zu sein, um seine Bewunderung und seine Anerkennung zu erlangen. Er war stolz auf meinen schulischen Fleiß und auf meinen Wissensdurst.

Einige meiner Verhaltensweisen ärgerten ihn jedoch sehr. Ich erinnere mich noch gut, dass mein Vater es gar nicht gerne sah, wenn ich meine Behinderung ausnützte, damit meine Mutter und meine Kameraden mir meine Launenhaftigkeit nachsahen. Wenn er mich bei diesem Spielchen erwischte, erteilte er mir eine strenge Rüge. Mein Vater brauchte mich nicht oft zu trösten; ich war selten tief niedergeschlagen. Im Alter von ungefähr fünf oder sechs Jahren stellte ich ihm immer wieder die Fragen, die mich am meisten beschäftigten:

Warum haben die anderen Beine und ich nicht? Kann ich sehen, was sie mit meinen abgeschnittenen Beinen gemacht haben?

Ganz behutsam antwortete er mir jedes Mal, dass sie im Krankenhaus von Martigny in einen Abfallkübel geworfen worden wären und dass ich sie nicht mehr sehen könnte.

Ich idealisierte meinen Vater in mancher Hinsicht. Ich bewunderte ihn als Autodidakten, der mit nichts angefangen hatte, intelligent, immer voller Ideen, stets an allem interessiert. Er hatte sogar einige Essays verfasst über eine ideale Organisation der Gesellschaft, mit einer gerechten Verteilung aller Rechte und Pflichten. Er war ein wahrer Humanist, für den die soziale Gerechtigkeit den Grundwert der Gemeinschaft darstellte. Er ertrug es nicht, Menschen schlecht behandelt zu sehen. Am Schalter im Bahnhof von Sembrancher, wo er arbeitete, nahm er sich für jeden Reisenden die Zeit für ein Schwätzchen und alle kamen in den Genuss seiner Späße, denn er hatte ein heiteres Wesen. Er war auch der geachtete Präsident unserer Gemeinde, was mich mit Stolz erfüllte.

Aber diese Zeit ging viel zu schnell vorbei. In dem Moment, als ich das Bedürfnis verspürte, ihn besser kennen zu lernen, brach seine Krankheit aus. Er war fünfzig Jahre alt und ich fünfzehn. Oft denke ich, dass er gestorben ist, als ich fünfzehn war. In dem Moment, als ich zu verstehen begann, wer ich selber war, und ich Lust gehabt hätte, diese Erfahrung mit ihm zu teilen, da wurde er krank und alles war aus. Ich sah, wie seine Kräfte schwanden, wie bei einer Frucht, die in der Sonne vertrocknet. Infolge einer Ruptur eines Aneurysmas begann seine geistige Umnachtung: Es war noch nicht einmal so, dass er danach ein völlig anderer gewesen wäre, er war einfach nur abwesend, bis er ganz verschwand. Ich sah ihn dahindämmern, meinen brillanten Vater, für den ich eine grenzenlose Bewunderung hegte. Je mehr sein körperlicher Verfall fortschritt, umso mehr zerbrach auch mein idealisiertes Bild von ihm. Seine Gemütsbewegungen, seine Bemerkungen wurden unlogisch; in gewissen Momenten weinte oder lachte er wegen nichts. Für mich ging seine Seele einige Jahre vor seinem physischen Tod verloren.

Wenn ich heute manchmal schwierige Momente erlebe, betrachte ich, in Gedanken versunken, jene Fotografie, auf der er mich neben den Gleisen in seinen Armen hält. Ich bin drei Jahre alt und habe seit sechs Monaten keine Beine mehr. Er, in seiner Uniform als Bahnhofsvorstand, lächelt mich zärtlich an. Ich brauche ihn nur auf diesem Foto anzuschauen und schon spüre ich die Energie, die von ihm ausgeht. Er gibt mir neue Kraft. Andererseits habe ich manchmal den Eindruck, dass nicht ich das Kind auf dem Bild bin. Dass diese ganze Geschichte in der Tat jemand anderem passiert ist. Warum habe ich überlebt? War es Glück? Schicksal? Ein Wunder? Gott, mein Schutzengel oder die Heilige Jungfrau, die nicht wollten, dass ich sterben sollte? Mein Leben wurde mir weggenommen und kurz darauf wieder zurückgegeben. Von wem? Warum?

Und wenn ich mein Überleben dem Einschreiten von niemandem verdanke, es sei denn dem des Zufalls? Das ist auch eine Möglichkeit.

Oft werde ich nach meiner eigenen Version des Unfalls und seiner Konsequenzen gefragt. Je nach meiner Laune fallen die Interpretationen verschieden aus. In Momenten der Traurigkeit sage ich mir, um mir neuen Mut zu machen, dass ich, wenn ich überlebt habe, in diesem Leben wohl noch viel zu erledigen habe. Und ich danke Ihm, wer auch immer Er sei, der mein Leben dem Zug entrissen hat, denn mein Leben lohnte und lohnt sich jeden Tag mehr, gelebt zu werden. Ich betrachte meine Existenz als einen Joker, eine Verlängerung, die mir geschenkt wurde. Nicht mehr und nicht weniger, aber dennoch erfreulich.

Wenn meine Stimmung ungetrübt ist, stehen die Dinge einfacher: Dann stelle ich mir keine Fragen.

Meine Mutter

In der Familie stand mein Vater für Kreativität und Milde. Meine Mutter führte die Haushaltskonten, kümmerte sich um die Einkäufe, die Reisen, sie war das eigentliche Familienoberhaupt.

So verbrachte ich meine Kindheit zwischen väterlicher Ermutigung und Unterstützung und den besorgten Worten meiner Mutter, die ständig befürchtete, dass mir noch ein weiteres Unglück zustoßen könnte. Infolge des Unfalls vom 16. Dezember 1964 wurde ich von ihr viel zu sehr behütet. Vielleicht fühlte sie sich schuldig, nicht auf mich aufgepasst zu haben, als der Zug vor unserem Haus vorbeifuhr. Zudem glaube ich, dass ihre Muttergefühle durch meine Behinderung noch verstärkt wurden. Sie hatte oft Angst, dass ich hinfalle und mich verletze. Eine ihrer größten Befürchtungen bestand darin, dass ich etwas versuchen würde, was ich nicht schaffen könnte. Sie hatte Angst, dass mich ein Scheitern entmutigen und traurig machen würde, dass es mir meine Behinderung noch mehr ins Bewusstsein bringen könnte. Sie sah es nicht gern, wenn ich Schlittschuhe an meinen Prothesen befestigte, und sie hat mich auch niemals wirklich dazu ermutigt, das Unmögliche zu versuchen. Als ich ihr im Alter von achtzehn Jahren verkündete, dass ich alleine in die Vereinigten Staaten fahren würde, bat sie mich, dieses Vorhaben fallen zu lassen, weil sie fand, dass eine solche Reise zu schwierig für mich wäre.

Sie hat über mich gewacht wie eine Wölfin. Auch heute noch tendiert sie dazu, sich um mich Sorgen zu machen, besonders wenn ich verreise, so als ob ich immer noch der kleine, hilflose Junge kurz nach seiner Amputation wäre.

Meine Mutter verbrachte einen großen Teil ihres Lebens damit, anderen einen Gefallen zu erweisen, sich um andere zu kümmern. Sie war das älteste Kind einer Bauernfamilie und musste ihren Eltern sehr früh schon bei der Arbeit auf dem Hof helfen. Dann wurde ihre Mutter krank und sie übernahm es, für ihre vier jüngeren Geschwister zu sorgen. Später passierte mein Unfall und wieder war sie diejenige, die alles für mich tat, so lange, bis ich anfing, auf eigenen Füßen zu stehen. Im Laufe meiner ersten fünfzehn Lebensjahre half sie bei den einfachsten Verrichtungen des täglichen Lebens, beim Waschen, Baden und Anziehen, beim Reisen, beim Anlegen meiner Prothesen. Kaum war ich so weit, dass ich alleine zurechtkam, wurde mein Vater krank und meine Mutter musste sich um ihn kümmern.

Wenn ich in mein Dorf Sembrancher komme, um meine Mutter zu besuchen, rufen wir gemeinsam Erinnerungen an ihre und meine Jugend wach und sie erzählt mir von meiner Kindheit, von den Episoden, an die ich mich nicht mehr erinnern kann, die sich bei ihr jedoch ins Gedächtnis eingeprägt haben. Was mir oft auffällt, ist das Fehlen von heiteren Erinnerungen. Wenn ich meine Mutter über ihre Jugend erzählen höre, kann ich mich des Eindrucks nicht erwehren, dass sich ihre Jugend vor und nach dem Krieg auf die harte Arbeit auf dem Hof beschränkte, wo nur selten freudige Stimmung aufkam.

Niemals hatte ich das Gefühl, dass meine Mutter müde war oder sich gegen ihr Schicksal auflehnte, niemals sah ich sie aufgeben. Ich bewunderte ihren Lebensmut. Auch heute noch spüre ich ihre aufmerksame Zärtlichkeit, ihre Sanftmut, ihre Hilfsbereitschaft und die Liebe, die nach wie vor aus ihren Augen strahlt. Zum letzten Weihnachtsfest schenkte sie mir einen Bettüberwurf, und plötzlich, ohne zu wissen, warum, wurde mir klar, dass ich vielleicht nicht genug für sie getan hatte.

Bernadette Métroz: Bericht

Einige Wochen nach seiner Amputation, als Gérald das Krankenhaus verlassen konnte, fragten sie mich, ob ich seine Schuhe wieder zurückhaben wolle. Ich sagte Nein. Tags zuvor hatte ich Wäsche gewaschen und war in Tränen ausgebrochen, als ich seine kleinen Latzhosen sah, die er am Tag des Unfalls getragen hatte. Ich sagte mir: «Er wird sie nie wieder anziehen können.» Also habe ich alle seine Kleider verschenkt.

Als Gérald wieder zu Hause war, tröstete ich mich tagtäglich mit dem Gedanken, dass es die Eltern eines geistig behinderten Kindes, mit dem sie sich nicht verständigen können, viel schwerer haben müssten. Ich hingegen konnte mit Gérald sprechen. Und dann hatten wir auch so viele Briefe von Leuten bekommen, die Kinder mit Prothesen hatten, dass wir unsere Situation schließlich normal fanden. Selbst wenn das nicht wirklich der Fall war, weil wir ja an unserer Lebensweise viel ändern mussten. Wir konnten Gérald nicht überallhin mitnehmen. Nicht, weil wir uns für sein Äußeres schämten, sondern weil wir ihn tragen mussten.

Was seine Beine betrifft, so sind sie im Krankenhaus

nicht entsorgt worden, sondern die Ärzte haben sie in einen Sarg gelegt, neben die Leiche von jemandem, der kurz zuvor gestorben war. Sie sind zusammen mit diesem Toten auf dem Friedhof von Martigny begraben worden; in welchem Grab, weiß ich nicht.